Ausführliches Verzeichnis der

Guttentagschen Sammlung

Deutscher Reichs- und Preußischer Gesetze

— Textausgaben mit Anmerkungen; Taschenformat —,

welche alle wichtigeren Gesetze in unbedingt zuverlässigen Gesetzestexten und in mustergültiger Weise erläutert enthält, befindet sich hinter dem Sachregister.

Guttentagsche Sammlung
Nr. 128. Deutscher Reichsgesetze. Nr. 128.
Textausgaben mit Anmerkungen.

Gesetz, betreffend die Verhaftung und Aufenthaltsbeschränkung auf Grund des Kriegs- und des Belagerungszustandes.

Vom 4. Dezember 1916.

Unter Benutzung der amtlichen Quellen
erläutert von

Dr. jur. A. Romen,
Wirklichem Geheimen Kriegsrat.

Mit einem Anhang:

Gesetz, betreffend die Entschädigung für unschuldig erlittene Untersuchungshaft. Vom 14. Juli 1904.

Berlin 1917.
J. Guttentag, Verlagsbuchhandlung.
G. m. b. H.

Vorwort.

Das „Gesetz betreffend die Verhaftung und Aufenthaltsbeschränkung auf Grund des Kriegszustandes und des Belagerungszustandes", vom 4. Dezember 1916, in der Öffentlichkeit kurzweg das Schutzhaftgesetz genannt, ist berufen, während des Krieges und während der Dauer eines Belagerungszustandes in Friedenszeiten eine wichtige Rolle zu spielen. Bezüglich der Verhängung zweier in die persönliche Freiheit tief einschneidenden Maßregeln während eines Krieges oder Belagerungszustandes, der Anordnung der Schutz- oder Sicherungshaft sowie einer Aufenthaltsbeschränkung, fehlte es im Deutschen Reiche bisher an jeder näheren gesetzlichen Vorschrift über die Voraussetzungen der Zulässigkeit jener Freiheitsbeschränkungen, über die Form ihrer Anordnung, über ihre Vollstreckung, ihre Dauer, über den Schutz gegen etwaige Fehlgriffe u. dgl. Das hatte neben der völligen Rechtsunsicherheit naturgemäß oftmals auch große Rechtsungleichheiten zur Folge. Diesem, in einem Rechtsstaat unhaltbaren Zustande macht das neue Gesetz ein Ende. Es schafft feste Rechtsnormen und gewährt den notwendigen Schutz gegen unberechtigte Beeinträchtigung des höchsten Rechtsgutes, der persönlichen Freiheit.

Eine Erläuterung des bedeutungsvollen Gesetzes ist um so mehr angebracht, als seine knappen Vorarbeiten nur eine dürftige Unterlage zu seiner Auslegung bieten, und außerdem in ihm mehrfach in erheblichem Umfange andere gesetzliche Vorschriften mittelbar oder unmittelbar in Bezug genommen sind, so insbesondere Bestimmungen des preußischen Gesetzes über den Belagerungszustand, verfassungsrechtliche Vorschriften des Reichs und der Bundesstaaten, Bestimmungen der Strafprozeßordnung und des Reichsgesetzes, betreffend die Entschädigung für unschuldig erlittene Untersuchungshaft. Diese Ergänzungsgesetze sind bei der Erläuterung des Gesetzes eingehend berücksichtigt worden, so daß der vorliegende Kommentar eine erschöpfende Zusammenstellung und Bearbeitung des gesamten in Betracht kommenden Rechtsstoffes bietet.

Vorausgeschickt sind im allgemeinen Teile als Einleitung eine kurze Darlegung der bisherigen Rechtslage und der Entstehung des Gesetzes sowie eine Zusammenstellung seiner Grundsätze.

Im Felde, Februar 1917.

Romen.

Inhaltsverzeichnis.

Quellen des Gesetzes.

Drucksache Nr. 168 des Reichstags, 13. Legislaturperiode, II. Session 1914/15: 6. Bericht der Kommission für die Petitionen.

Drucksache Nr. 416 des Reichstags, 13. Legislaturperiode, II. Session 1914/16: Antrag Bassermann und Genossen.

Drucksache Nr. 431 des Reichstags, 13. Legislaturperiode, II. Session 1914/16: Mündlicher Bericht des Ausschusses für den Reichshaushalt: Entwurf eines Gesetzes, betreffend die Schutzhaft während eines Kriegszustandes.

Stenographischer Bericht über die Verhandlungen des Reichstags, 13. Legislaturperiode, II. Session 1914/16, S. 1859 B bis 1863 A, S. 1870 A bis 1894 C: Mündlicher Bericht des Haushaltsausschusses, betreffend die Schutzhaft während eines Kriegszustandes.

Drucksache Nr. 496 des Reichstags, 13. Legislaturperiode, II. Session 1914/16: Mündlicher Bericht des 21. Ausschusses zur Vorberatung des Entwurfs eines Gesetzes, betreffend die Schutzhaft während eines Kriegszustandes.

Stenographischer Bericht über die Verhandlungen des Reichstags, 13. Legislaturperiode, II. Session 1914/16, S. 2079 B bis 2081 C: erste Beratung des Entwurfs; S. 2081 D bis 2082 C: zweite Beratung des Entwurfs; S. 2082 D bis 2083 A: dritte Beratung des Entwurfs.

A. Allgemeiner Teil.

I.

Bisherige Rechtslage.

In Artikel 68 der Reichsverfassung ist bestimmt:

„Der Kaiser kann, wenn die öffentliche Sicherheit in dem Bundesgebiete bedroht ist, einen jeden Teil desselben in Kriegszustand erklären. Bis zum Erlaß eines die Voraussetzungen, die Form der Verkündigung und die Wirkungen einer solchen Erklärung regelnden Reichsgesetzes gelten dafür die Vorschriften des preußischen Gesetzes vom 4. Juni 1851 (Gesetz-Samml. für 1851 S. 451 ff.).“

Das hier in Aussicht gestellte Reichsgesetz ist bisher nicht erlassen, bis zu seinem Erlasse gilt daher im Deutschen Reiche das genannte preußische Gesetz vom 4. Juni 1851 als „provisorisches Reichsgesetz“. Eingeschränkt ist jedoch das Geltungsgebiet dieses Gesetzes als Reichsgesetz insoweit, als es in Bayern nicht gilt. Gemäß der „Schlußbestimmung zum XI. Abschnitt“ der Reichsverfassung in Verbindung mit der Vorschrift in III § 5 des Bündnisvertrages mit Bayern vom 23. November 1870 (Bundesgesetzblatt 1871 S. 9) findet Artikel 68 auf Bayern keine Anwendung. Hier gilt vielmehr bis zum Erlaß des in Aussicht gestellten Reichsgesetzes das

Landesgesetz, das ist jetzt das Bayerische Gesetz über den Kriegszustand vom 5. November 1912 in der Fassung der Abänderungsgesetze vom 6. August 1914, vom 4. Dezember 1915 und vom 15. Juli 1916 (Gesetz- und Verordnungsblatt für das Königreich Bayern 1912 S. 1161, 1914 S. 349, 1915 S. 728 und 1916 S. 134, abgedruckt in Pürschel, Das Gesetz über den Belagerungszustand, S. 362ff., Berlin 1916, Verlag von J. Guttentag). Auf Grund des Art. 12 des Gesetzes vom 5. November 1912 ergingen durch Bekanntmachung vom 13. März 1913 Vollzugsvorschriften zu dem Gesetz (abgedruckt in Dietz, Taschenbuch des Militärrechts für Kriegszeiten, 2. Auflage, S. 431ff.).

Das im Deutschen Reiche, mit Ausnahme von Bayern, geltende preußische Gesetz vom 4. Juni 1851 ist das „Gesetz über den Belagerungszustand", dessen § 9 Ziff. 6 durch Reichsgesetz vom 11. Dezember 1915 (RGBl. S. 813) eine Änderung erfahren hat. Das preußische Gesetz gilt aber nicht nach seinem ganzen Inhalte als Reichsgesetz. Vielmehr beschränkt sich seine Geltung als Reichsgesetz nur auf die in Artikel 68 der Reichsverfassung ausdrücklich hervorgehobenen Gebiete, nämlich „die Voraussetzungen, die Form der Verkündigung und die Wirkungen" der Erklärung des Kriegszustandes. Soweit es darüber hinausgehende Bestimmungen enthält, wie z. B. §§ 16, 17, teilweise auch in §§ 1 und 2, ist es nicht Reichsgesetz geworden (Pürschel a. a. O. S. 24, 357, 360).

Von dem für das Reich (mit Ausnahme von Bayern) geltenden preußischen Belagerungszustandsgesetze kommen hier zunächst besonders folgende Bestimmungen in Betracht: Für den Fall eines Krieges ist in den von dem Feinde bedrohten oder teilweise schon besetzten Provinzen jeder Festungskommandant befugt, die ihm anvertraute Festung mit ihrem

Rayonbezirke, der Kommandierende General aber den Bezirk des Armeekorps oder einzelne Teile desselben zum Zwecke der Verteidigung in Belagerungszustand zu erklären (§ 1). Auch für den Fall eines Aufruhrs kann bei dringender Gefahr für die öffentliche Sicherheit der Belagerungszustand sowohl in Kriegs- als in Friedenszeiten erklärt werden. Die Erklärung des Belagerungszustandes geht alsdann vom Staatsministerium aus, kann aber provisorisch und vorbehaltlich der sofortigen Bestätigung oder Beseitigung durch dasselbe, in dringenden Fällen rücksichtlich einzelner Orte und Distrikte, durch den obersten Militärbefehlshaber in denselben, auf den Antrag des Verwaltungschefs des Regierungsbezirks, wenn aber Gefahr im Verzuge ist, auch ohne diesen Antrag erfolgen. In Festungen geht die provisorische Erklärung des Belagerungszustandes von dem Festungskommandanten aus (§ 2). Die Erklärung des Belagerungszustandes ist bei Trommelschlag oder Trompetenschall zu verkünden, und außerdem durch Mitteilung an die Gemeindebehörde, durch Anschlag an öffentlichen Plätzen und durch öffentliche Blätter ohne Verzug zur allgemeinen Kenntnis zu bringen. Die Aufhebung des Belagerungszustandes wird durch Anzeige an die Gemeindebehörde und durch die öffentlichen Blätter zur allgemeinen Kenntnis gebracht (§ 3). Mit der Bekanntmachung der Erklärung des Belagerungszustandes geht die vollziehende Gewalt an die Militärbefehlshaber über. Die Zivilverwaltungs- und Gemeindebehörden haben den Anordnungen und Aufträgen der Militärbefehlshaber Folge zu leisten. Für ihre Anordnungen sind die betreffenden Militärbefehlshaber persönlich verantwortlich (§ 4). Eine erhebliche Verstärkung der Macht bei Ausübung der vollziehenden Gewalt ist dem Militärbefehlshaber durch § 5 gewährt worden, wonach er ermächtigt ist, gewisse Artikel der preußischen Verfassung über sogenannte Grundrechte und die an deren Stelle getretenen Vorschriften der Reichsgesetze „zeit- und distriktweise außer Kraft zu setzen". Die Aufhebung ist nur für den Bezirk zulässig, der in Belagerungszustand erklärt ist, und nur für die Dauer des Belagerungszustandes. Die Bestimmungen über die Außerkraftsetzung müssen entweder ausdrücklich in die Bekanntmachung über die Erklärung des Belagerungszustandes aufgenommen oder in einer besonderen unter der nämlichen Form bekannt zu machenden Verordnung verkündet werden. Ist die Außerkraftsetzung erfolgt, so ist der Inhaber der vollziehenden Gewalt an die aufgehobenen Verfassungsartikel, sowie an die auf ihnen sich aufbauenden Landesgesetze und die denselben Gegenstand regelnden Reichsgesetze nicht gebunden. An die Stelle des Gesetzes tritt lediglich sein eigenes, freies Ermessen. Es gelten für ihn keine rechtlichen Schranken (Pürschel a. a. O. S. 107).

In den übrigen Bundesstaaten kommen für die Außerkraftsetzung die den Artikeln der preußischen Verfassung entsprechenden Artikel in Betracht.

Von den Artikeln der preußischen Verfassung, die der Inhaber der vollziehenden Gewalt außer Kraft setzen kann, kommt hier in erster Linie Artikel 5, der die persönliche Freiheit des Staatsbürgers betrifft, in Betracht. Artikel 5 bestimmt:

> **„Die persönliche Freiheit ist gewährleistet. Die Bedingungen und Formen, unter welchen eine Beschränkung derselben, insbesondere eine Verhaftung, zulässig ist, werden durch das Gesetz bestimmt."**

Für Bayern treten an die Stelle der Bestimmungen des preußischen Belagerungszustandsgesetzes die betreffenden

Artikel des bayerischen Gesetzes über den Kriegszustand vom 5. November 1912; von Bedeutung sind hier namentlich die Artikel 1, 2 und 9. Zu bemerken ist hierbei besonders, daß das bayerische Kriegszustandsgesetz, abweichend vom preußischen Belagerungszustandsgesetz, keinen Übergang der vollziehenden Gewalt auf den Militärbefehlshaber kennt. In Bayern sind vielmehr in der Kgl. Verordnung vom 31. Juli 1914 den Militärbefehlshabern besonders die Befugnisse der den Ministerien untergeordneten Zivilstaatsbehörden mit Ausnahme der richterlichen und verwaltungsgerichtlichen Tätigkeit übertragen worden. Ferner kennt das bayerische Kriegszustandsgesetz eine Außerkraftsetzung von Verfassungsartikeln nicht (Pürschel a. a. O. S. 101 und 126).

Daraus nun, daß bei Erklärung des Belagerungszustandes der Inhaber der vollziehenden Gewalt die Vorschriften der Verfassung über die Gewährleistung der persönlichen Freiheit außer Kraft setzen kann, ist in Wissenschaft und Rechtsprechung zutreffend gefolgert worden, daß, wenn tatsächlich die Aufhebung jenes Verfassungsartikels erfolgt ist, der Militärbefehlshaber auch das Recht hat, während der Dauer des Belagerungszustandes nach seinem eigenen freien Ermessen in weitestem Umfang alle ihm erforderlich erscheinenden Beschränkungen der persönlichen Freiheit anzuordnen, daß er insbesondere auch berechtigt ist, Personen verhaften zu lassen, sie auszuweisen oder ihnen andere Aufenthaltsbeschränkungen aufzuerlegen. An irgendwelche gesetzliche Schranken ist er, wie bereits bemerkt, hierbei nicht gebunden, mögen sie durch die Verfassung selbst oder durch ein zu ihrer Ausführung erlassenes Gesetz (in Preußen durch das Gesetz zum Schutze der persönlichen Freiheit vom 12. Februar 1850 § 6) bestimmt sein. Somit bildete jener § 5 des preußischen Belagerungszustandsgesetzes für die Anordnung von Verhaftungen und Aufenthaltsbeschränkungen seitens der Militärbefehlshaber während eines Belagerungszustandes bisher die allgemeine gesetzliche Grundlage. Der Rechtszustand war aber um deswillen wenig befriedigend, weil es im einzelnen an jeder näheren gesetzlichen Bestimmung fehlte sowohl über die Voraussetzungen für die Zulässigkeit jener Anordnungen, über die Form ihrer Verhängung, ihre Dauer und die Art ihrer Vollstreckung als namentlich auch bezüglich des Rechtsschutzes des von der Anordnung Betroffenen, dem weder das Recht der Beschwerde gegen die verhängte Maßregel, noch das der Annahme eines Verteidigers zustand. Daß unter solchen Umständen Irrtümer, Fehlgriffe und Härten, nicht minder auch Ungleichheiten vorkommen mußten, war unausbleiblich. Dieser Zustand der Rechtsunsicherheit wurde als großer Übelstand empfunden und führte mehrfach zu lebhaften Auseinandersetzungen und Klagen im Reichstag.

II.
Zur Entstehung des Gesetzes.

Am 17. Mai 1916 wurde von der Kommission des Reichstages für den Reichshaushaltsetat über Resolutionen und Petitionen der Antrag gestellt (Drucks. Nr. 298 d. Reichst., 13. Legisl.-Per., II. Sess. 1914/16):

„Der Reichstag wolle beschließen:
folgende Resolution anzunehmen:
den Herrn Reichskanzler zu ersuchen, alsbald die erforderlichen Maßnahmen zu treffen, durch welche

1. die Verhängung der Schutzhaft auf das aus rein militärischen Gründen absolut gebotene Maß beschränkt wird,
2. bei Verhängung der Schutzhaft dem Verhafteten ein Rechtsschutz gewährt wird, welcher mindestens nicht zurückbleibt hinter dem im Strafverfahren vor den ordentlichen Gerichten den Untersuchungsgefangenen zustehenden Rechtsschutz."

Am 22. Juli 1916 erging dann seitens des preußischen Kriegsministeriums über Verhängung der Schutzhaft an die stellvertretenden Generalkommandos folgender Erlaß:

„Wiederholt ist in Erlassen darauf hingewiesen worden, daß Schutzhaft nur insoweit zu verhängen sein möchte, als dies im Interesse der öffentlichen Sicherheit durchaus geboten erscheint, daß im übrigen sobald als möglich auf Freilassung oder Abschiebung der Festgenommenen in Gefangenenlager oder in geeignete Orte Deutschlands und Stellung unter Polizeiaufsicht sowie auf Gewährung sonstiger Erleichterungen Bedacht zu nehmen sei.

Die auf Grund des Erlasses vom 17. Mai 1916 Nr. Nr. 836/5. 16 A I vorgelegten Nachweisungen lassen erkennen, daß die Zahl der in Schutzhaft Befindlichen bei einzelnen Stellen noch immer auffallend hoch ist, während es anderen Stellen gelungen ist, die Zahl auf ein geringes Maß herabzudrücken; es wird sich immer wieder eine Nachprüfung daraufhin empfehlen, inwieweit den vorerwähnten Erlassen entsprochen werden könnte. Bei der langen Dauer des Krieges muß darauf gehalten werden, daß nur solche Personen in Schutzhaft verbleiben, die tatsächlich eine Gefahr für die öffentliche Sicherheit bedeuten. Auch wird bei dieser Gelegenheit nochmals auf den Abs. 9 des Erlasses vom 4. September 1915 hingewiesen, wonach den Festgenommenen durch Vernehmung Gelegenheit zu geben ist, sich von dem auf ihnen ruhenden Verdachte zu reinigen, und wonach ihnen die Gründe für ihre weitere Haft mitzuteilen sind. Alle unnötigen Härten müssen mit Rücksicht auf die wirtschaftlichen Schäden der Betroffenen und auf die Ansprüche vermieden werden, die nach dem Kriege aus Anlaß der Schutzhaft erhoben werden können. Jedenfalls darf Schutzhaft als Strafe für Verstöße gegen bestehende Anordnungen weder angedroht noch verhängt werden, da eine solche Maßnahme der Rechtsgrundlage entbehrt."

Obgleich dieser Erlaß in den wesentlichsten Punkten dem entsprach, was seitens des Reichstages begehrt wurde, so hielt dieser doch eine Erledigung der Angelegenheit in der Form einer „Instruktion" nicht für ausreichend, er fand darin „keine genügende Beschützung eines so wichtigen Rechtsgutes, wie es die persönliche Freiheit sei" (StenBer. S. 1861), war vielmehr der Ansicht, daß die Schutzhaft während eines Kriegszustandes alsbald durch ein eigenes Gesetz geregelt werden müsse.

Am 2. Oktober 1916 ging dem Reichstage folgender Antrag Bassermann und Genossen zu (Drucks. Nr. 416 d. Reichst., 13. Legisl.-Per., II. Sess. 1914/16):

„Der Reichstag wolle beschließen:

nachstehendem Gesetzentwurf seine Zustimmung zu erteilen:

Gesetz, betreffend die Schutzhaft während eines Kriegszustandes.

Wir Wilhelm von Gottes Gnaden Deutscher Kaiser, König von Preußen usw. verordnen im Namen des Reichs, nach erfolgter Zustimmung des Bundesrats und des Reichstags, was folgt.

§ 1. Eine Schutzhaft kann von dem zuständigen Militärbefehlshaber nur dann angeordnet werden, wenn der damit beabsichtigte Zweck auf andere Weise nicht erreicht werden kann.

§ 2. Der Haftbefehl ist schriftlich zu erlassen; in der Anordnung ist der zu Verhaftende genau zu bezeichnen und der Grund der Verhaftung anzugeben.

§ 3. Dem Verhafteten ist der Haftbefehl bei der Verhaftung und, wenn dies nicht tunlich ist, spätestens nach seiner Einlieferung in die Haft durch Verkündung bekannt zu geben; auf Verlangen ist ihm eine Abschrift zu erteilen.

§ 4. Gegen die Verhaftung steht dem Verhafteten das Rechtsmittel der Beschwerde an das Reichsmilitärgericht zu. Bei Zustellung des Haftbefehls ist dies dem Verhafteten zu eröffnen.

§ 5. Der Verhaftete muß spätestens am Tage nach seiner Verhaftung durch den Amtsrichter des Bezirks, in welchem die Verhaftung erfolgt ist, darüber ver-

nommen werden, ob und welche Einwendungen er gegen seine Verhaftung zu erheben hat.

§ 6. Der Haftbefehl ist aufzuheben, wenn der in demselben genannte Grund oder der damit zu erreichende Zweck hinfällig geworden oder der Kriegszustand aufgehoben ist oder wenn sechs Monate nach dem Tage der Verhaftung verflossen sind.

§ 7. In bezug auf die Vollstreckung der Haft finden die Vorschriften des § 116 Abs. 1 bis 3 und 5 StPO. sinngemäße Anwendung.

§ 8. Der Verhaftete kann sich jederzeit der Unterstützung eines Verteidigers bedienen. Die Vorschriften der §§ 137 Abs. 2 und 138 StPO. kommen zur Anwendung.

§ 9. Der Amtsrichter des Bezirks, in welchem die Verhaftung oder, wenn der Ort der Einlieferung von dem der Verhaftung verschieden ist, die Einlieferung erfolgt ist, kann dem Verhafteten auf Antrag oder von Amts wegen einen Verteidiger bestellen. Die Bestellung ist zurückzunehmen, wenn demnächst ein anderer Verteidiger gewählt wird und dieser die Wahl annimmt.

§ 10. Dem Verteidiger ist die Einsicht etwa vorhandener Akten, die den Grund der Verhaftung betreffen, einschließlich der Protokolle über die Vernehmung des Verhafteten und der Zeugen sowie der Gutachten von Sachverständigen zu gestatten. Der § 148 Abs. 1 StPO. kommt zur Anwendung.

§ 11. Der gesetzliche Vertreter des Verhafteten und der Ehemann einer Verhafteten ist als Beistand zuzulassen und auf sein Verlangen zu hören.

Urkundlich usw.

Gegeben usw."

Seitens des Ausschusses für den Reichshaushalt wurde am 17. Oktober 1916 beantragt,

„der Reichstag wolle beschließen:

den vorliegenden Gesetzentwurf einer besonderen Kommission zur Vorberatung zu überweisen".

(Drucks. Nr. 431 d. Reichst., 13. Legisl.-Per., II. Sess. 1914/16.)

Die Beratung dieses Antrages fand in den Sitzungen des Reichstages vom 27. und 28. Oktober 1916 statt. Die Verhandlungen endeten mit dem Beschlusse:

den Gesetzentwurf einer Kommission von 21 Mitgliedern zu überweisen.

(StenBer. d. Verh. d. Reichst., 13. Legisl.-Per., II. Sess. 1914/16, S. 1859 Bff., 1870 Aff., 1894 C.)

Der Entwurf erfuhr in der Kommission (21. Ausschuß zur Vorbereitung des Entwurfs eines Gesetzes, betreffend die Schutzhaft während eines Kriegszustandes) manche Änderungen und Ergänzungen und wurde dann in der neuen Fassung als

„Gesetz, betreffend die Verhaftung und Aufenthaltsbeschränkung auf Grund des Kriegszustandes und des Belagerungszustandes"

dem Reichstag in der 74. Sitzung vom 4. November 1916 zur Beratung vorgelegt (Drucks. Nr. 496 d. Reichst., 13. Legisl.-Per., II. Sess. 1914/16; s. auch StenBer. d. Verh. d. Reichst. S. 2081 B).

In der ersten Lesung ergriff seitens des Reichstages nur ein einziger Redner, der Abgeordnete Dr. Rießer, als Berichterstatter das Wort. Auf Antrag des Abgeordneten Scheidemann wurde, da kein Widerspruch erfolgte, sofort in die zweite Beratung eingetreten. Sie endete mit der Annahme des Entwurfes durch die Mehrheit. Im unmittelbaren Anschluß daran wurde auf Antrag desselben Abgeordneten, da auch hiergegen kein Widerspruch erhoben wurde, die dritte Lesung vorgenommen. Ihr Ergebnis war, daß in der Gesamtabstimmung der Gesetzentwurf „unter lebhaftem Beifall auf allen Seiten des Hauses" in der von der Kommission beschlossenen Fassung ohne jede Änderung einstimmig angenommen wurde (StenBer. üb. d. Verh. d. Reichst., 13. Legisl.-Per., II. Sess. 1914/16, v. 4. Nov. 1916, S. 2079 B, bis 2081 C, 2081 C bis 2082 C, 2082 D 2083 A).

Der Bundesrat erteilte dem Entwurf in der vom Reichstage beschlossenen Fassung in der Sitzung vom 30. November 1916 die verfassungsmäßige Zustimmung. Nachdem dann der Kaiser das Gesetz am 4. Dezember 1916 ausgefertigt hatte, wurde es am 6. Dezember 1916 in der Nr. 275 des Reichsgesetzblattes verkündigt.

III.
Grundsätze des Gesetzes.

Die wichtigsten Grundsätze des Gesetzes sind die folgenden: Das Gesetz findet zunächst nur Anwendung auf Deutsche. Ausländer können die Wohltaten des Gesetzes nicht für sich in Anspruch nehmen. Gegen einen Deutschen aber darf auf Grund des Kriegs- oder Belagerungszustandes vom Inhaber der vollziehenden Gewalt eine Haft oder Aufenthaltsbeschränkung nur dann angeordnet werden, wenn dies zur Abwendung einer „Gefahr für die Sicherheit des Reichs" erforderlich ist (§ 1).

Die Anordnung der Haft darf nur erfolgen durch einen schriftlichen Haftbefehl, in dem die der Verhaftung zugrunde liegenden Tatsachen anzugeben sind. Der Haftbefehl ist dem Verhafteten gleich bei der Verhaftung und, wenn dies nicht möglich ist, unverzüglich nach ihr bekanntzugeben (§ 2). Spätestens am Tage nach seiner Verhaftung muß der Verhaftete durch einen Richter darüber vernommen werden, ob und welche Einwendungen er gegen seine Verhaftung zu erheben hat (§ 4).

Eingeführt ist durch das Gesetz ferner das Recht des Verhafteten, gegen die Verhaftung jederzeit, ohne an eine Frist gebunden zu sein, Beschwerde zu führen. Hierüber ist der Verhaftete bei Zustellung des Haftbefehles zu belehren. Die Beschwerde geht an das Reichsmilitärgericht, das in der Besetzung von vier richterlichen und drei militärischen Mitgliedern entscheidet (§ 3). (Wegen der nebenher gehenden Beschwerde im Aufsichtswege an den Obermilitärbefehlshaber, s. § 3 Anm. 13.)

Über die Dauer, Aufhebung und Neuanordnung der Haft ist folgendes bestimmt: Der Haftbefehl muß aufgehoben werden, wenn sein Grund oder Zweck hinfällig geworden ist, ferner, wenn der Kriegs- oder Belagerungszustand aufhört, endlich ohne weiteres, wenn seit dem Tage der Verhaftung 3 Monate verflossen sind. Nach Ablauf dieser Zeit kann zwar wiederholt eine Fortdauer der Haft, jedesmal auf 3 Monate, angeordnet werden, jedoch immer nur auf Grund einer erneuten Prüfung, ob die Voraussetzungen für den Erlaß eines Haftbefehles noch bestehen (§ 1), und auf Grund eines neuen Haftbefehls. Auch muß jedesmal nach Erneuerung der Haft über die Rechtmäßigkeit der Fortdauer eine Entscheidung des Reichsmilitärgerichts herbeigeführt werden, ohne Rücksicht darauf, ob gegen die Fortdauer Beschwerde eingelegt ist oder nicht (§ 5).

Als besonders wichtiger Grundsatz ist sodann hervorzuheben, daß auf die Vollstreckung der Haft die Vorschriften des § 116 der Strafprozeßordnung über die Vollstreckung der Untersuchungshaft entsprechende Anwendung finden sollen. Hiernach darf der Verhaftete ohne seine Zustimmung nicht in demselben Raume mit Strafgefangenen verwahrt, soll überhaupt, soweit möglich, von anderen gesondert verwahrt werden. Es dürfen ihm ferner nur solche Beschränkungen auferlegt werden, die zur Sicherung des Zweckes der Haft oder zur Aufrechterhaltung der Ordnung im Gefängnisse notwendig sind. Bequemlichkeiten und Beschäftigungen, die seinem Stande und seinen Vermögensverhältnissen entsprechen, darf er sich auf seine Kosten verschaffen, soweit sie mit dem Zwecke der Haft vereinbar sind und weder die Ordnung im Gefängnisse stören, noch die Sicherheit gefährden. Fesseln dürfen ihm nur ausnahmsweise, nämlich nur dann angelegt werden, wenn es wegen besonderer Gefährlichkeit seiner Person zur Sicherung anderer erforderlich erscheint, außerdem zu seiner eigenen Sicherheit, wenn er einen Selbstentleibungsversuch gemacht hat oder nach einem Entweichungsversuch. Näheres s. § 6 Anm. 2.

Neu eingeführt durch das Gesetz ist die Möglichkeit der Zuziehung eines Verteidigers: „Der Verhaftete kann jederzeit einen Verteidiger zuziehen. Die Vorschriften der §§ 137 Abs. 2 und 138 StPO. finden entsprechende Anwendung" (§ 7). Nach § 137 Abs. 2 StPO. kann auch der gesetzliche Vertreter des Beschuldigten selbständig einen Verteidiger wählen. In § 138 daselbst ist bestimmt, daß jeder bei einem deutschen Gerichte zugelassene Rechtsanwalt sowie jeder Rechtslehrer an einer deutschen Hochschule gewählt werden kann. Andere Personen können nur mit Genehmigung des Gerichtes zugelassen werden. All dieses gilt jetzt auch bezüglich der auf Grund des neuen Gesetzes angeordneten Haft. Näheres s. § 7 S. 74ff. Auf Antrag oder von Amtswegen kann dem Verhafteten auch ein Verteidiger bestellt werden. Die Bestellung muß erfolgen, wenn der Verhaftete sie nach zweiwöchiger Dauer der Haft beantragt. Über dieses Antragsrecht ist der Verhaftete bei seiner Vernehmung zu belehren. Näheres s. § 8 S. 82ff.

Dem Verhafteten ist schriftlicher und mündlicher Verkehr mit dem Verteidiger gestattet. Die Vorschrift entspricht der Bestimmung in Abs. 1 § 148 StPO. Auch darf der Verteidiger Einsicht in die über die Verhaftung erwachsenen Akten nehmen (§ 9).

Von Bedeutung ist sodann die der Bestimmung in § 149 Abs. 1 StPO. entsprechende Vorschrift, daß der gesetzliche Vertreter des Verhafteten und der Ehemann einer Verhafteten als „Beistand" zuzulassen und auf ihr Verlangen zu hören sind (§ 10).

In § 11 ist dann allgemein bestimmt, daß die Vorschriften des Gesetzes über schriftlichen Erlaß und Bekanntgabe des Haftbefehls (§ 2), über das Beschwerderecht des Verhafteten (§ 3), über die richterliche Vernehmung des Verhafteten (§ 4), über Dauer, Aufhebung und Neuanordnung der Haft (§ 5), über die Zuziehung und Bestellung eines Verteidigers (§§ 7, 8), über das Recht des Verhafteten, mit seinem Verteidiger schriftlich und mündlich zu verkehren und über das Recht des Verteidigers auf Akteneinsicht (§ 9) sowie endlich über die Zulassung des gesetzlichen Vertreters des Verhafteten und des Ehemanns einer Verhafteten als „Beistand" auf die Aufenthaltsbeschränkungen entsprechende Anwendung finden.

Nach § 60 RStGB. kann auf eine erkannte Strafe die erlittene Untersuchungshaft ganz oder teilweise angerechnet werden. Dieser bezüglich der Untersuchungshaft geltende Grundsatz ist durch das neue Gesetz ausgedehnt auf die vom Inhaber der vollziehenden Gewalt auf Grund des Kriegs- oder Belagerungszustandes angeordnete Haft. Auch diese auf Grund dieses Gesetzes erlittene Haft kann, wenn gegen den Verhafteten ein auf Strafe lautendes Urteil ergeht, ganz oder teilweise auf diese Strafe zur Anrechnung gebracht werden (§ 12).

Endlich ist durch das Gesetz (§ 13) die Möglichkeit geschaffen, dem „Geschädigten" einen Entschädigungsanspruch zuzuerkennen. Dabei sind zwei Fälle zu unterscheiden, nämlich erstens, daß die Entschädigung zuerkannt werden muß, sodann zweitens der andere Fall, daß ein Entschädigungsanspruch auf Antrag nach dem Ermessen des Gerichtes zuerkannt werden kann. Zuständig für die Zuerkennung des Anspruchs ist in allen Fällen das Reichsmilitärgericht. Ein Entschädigungsanspruch muß zuerkannt werden, wenn das Reichsmilitärgericht die Haft oder Aufenthaltsbeschränkung deshalb aufgehoben hat, weil die Voraussetzungen ihrer Anordnung oder Aufrechterhaltung nicht gegeben waren (§§ 1, 5). Auf Antrag kann dann das Reichsmilitärgericht, auch wenn es nicht selbst die Haft oder die Aufenthaltsbeschränkung aufgehoben hat, auch in anderen Fällen einen Entschädigungsanspruch zuerkennen. Der Anspruch richtet sich, wenn die Anordnung der Haft oder Aufenthaltsbeschränkung durch einen militärischen Befehlshaber oder einen Reichsbeamten erfolgt ist, gegen das Reich, in anderen Fällen gegen denjenigen Bundesstaat, dessen Beamter die Anordnung getroffen hat. Im übrigen sollen für diesen Anspruch und seine Durchführung die Bestimmungen des Reichsgesetzes, betreffend die Entschädigung für unschuldig erlittene Untersuchungshaft, vom 14. Juli 1904 gelten. Nach diesem Gesetze wird dem Verhafteten grundsätzlich nur für denjenigen Schaden Ersatz geleistet, der ihm durch die Untersuchungshaft in seinem Vermögen erwachsen ist. Für sogenannten immateriellen oder ideellen Schaden, den der Verhaftete an seiner Ehre, Freiheit, Gesundheit oder durch seelische Schmerzen erlitten hat, kann ein Ersatz nicht beansprucht werden. Dieser Grundsatz hat auch für den nach dem neuen Gesetz zuständigen Entschädigungsanspruch zu gelten.

B. Besonderer Teil.

Gesetz, betreffend die Verhaftung und Aufenthaltsbeschränkung auf Grund des Kriegszustandes und des Belagerungszustandes.

Vom 4. Dezember 1916 (RGBl. Nr. 275 S. 1329 ff.).

Wir Wilhelm, von Gottes Gnaden Deutscher Kaiser, König von Preußen usw.

verordnen im Namen des Reichs, nach erfolgter Zustimmung des Bundesrats und des Reichstags, was folgt:

Voraussetzungen der Anordnung der Haft und Aufenthaltsbeschränkung.

§ 1.

Gegen einen Deutschen ist die Anordnung der Haft oder einer Aufenthaltsbeschränkung durch die vollziehende Gewalt auf Grund des Kriegs- oder Belagerungszustandes nur dann zulässig, wenn sie zur Abwendung einer Gefahr für die Sicherheit des Reichs erforderlich ist.

1. Der § 1 bestimmt die Voraussetzungen für die Zulässigkeit der Anordnung der Haft oder einer Aufenthaltsbeschränkung durch die vollziehende Gewalt auf Grund des

Kriegs- oder Belagerungszustandes. Im Entwurfe hatte die Bestimmung folgende Fassung (Drucksache Nr. 431):

> **„Eine Schutzhaft kann von dem zuständigen Militärbefehlshaber nur dann angeordnet werden, wenn der damit beabsichtigte Zweck auf andere Weise nicht erreicht werden kann."**

Die jetzige Fassung beruht auf den Beschlüssen des 21. Ausschusses (Drucks. Nr. 496); sie wurde vom Reichstag in allen drei Beratungen unverändert angenommen. Sten.Ber. S. 2081 C, S. 2082 C, S. 2083 A.

2. a) Das Gesetz findet nur Anwendung auf Deutsche, das geht aus der Fassung: gegen einen „Deutschen" ist die Anordnung der Haft usw. zulässig, unzweideutig hervor. Ausländer können sich auf seine Schutzvorschriften nicht berufen, gegen sie kann seitens des Inhabers der vollziehenden Gewalt wie bisher nach freiem Ermessen verfahren werden. Als Ausländer hat zu gelten jeder Nichtdeutsche, unbekümmert darum, ob er eine ausländische Staatsangehörigkeit besitzt oder nicht, so daß auch die Staatlosen, d. h. Personen, die keinem Staat angehören, darunter fallen.

b) Maßgebend dafür, wer als Deutscher anzusehen ist, sind die Vorschriften des Reichs- und Staatsangehörigkeitsgesetzes vom 22. Juli 1913 (RGBl. S. 583ff.). Hiernach ist Deutscher, wer die Staatsangehörigkeit in einem Bundesstaat oder die unmittelbare Reichsangehörigkeit besitzt (§ 1). Die Staatsangehörigkeit in einem Bundesstaate wird erworben durch Geburt, durch Legitimation, durch Eheschließung, für einen Deutschen durch Aufnahme, für einen Ausländer durch Einbürgerung (§ 3). Die unmittelbare Reichsangehörigkeit kann verliehen werden einem Ausländer, der sich in einem Schutzgebiete niedergelassen hat oder einem Eingeborenen in einem Schutzgebiete, ferner einem ehemaligen Deutschen, der sich nicht im Inland niedergelassen hat; dem ehemaligen Deutschen steht gleich, wer von ihm abstammt oder an Kindes Statt angenommen ist (§ 33). Einem Ausländer, der im Reichsdienst angestellt ist und seinen dienstlichen Wohnsitz im Ausland hat, muß auf seinen Antrag die unmittelbare Reichsangehörigkeit verliehen werden, wenn er ein Diensteinkommen aus der Reichskasse bezieht; sie kann ihm verliehen werden, wenn er ein solches Einkommen nicht bezieht (§ 34). Verloren geht die Staatsangehörigkeit durch Entlassung, durch den Erwerb einer ausländischen Staatsangehörigkeit, durch Nichterfüllung der Wehrpflicht, durch Ausspruch der Behörde, für ein uneheliches Kind durch eine von dem Angehörigen eines anderen Bundesstaates oder von einem Ausländer bewirkte und nach den deutschen Gesetzen wirksame Legitimation, endlich für eine Deutsche durch Eheschließung mit dem Angehörigen eines anderen Bundesstaats oder mit einem Ausländer (§ 17). Aus den gleichen Gründen geht auch die unmittelbare Reichsangehörigkeit verloren, da nach § 35 die Vorschriften des Gesetzes über die Staatsangehörigkeit, mit Ausnahme einzelner bestimmt angegebener, auf die unmittelbare Reichsangehörigkeit entsprechende Anwendung finden. Ausführliche Erläuterungen zu diesen Vorschriften enthält der Kommentar von Romen, Reichs- und Staatsangehörigkeitsgesetz vom 22. Juli 1913. Berlin, Verlag von J. Guttentag.

c) Personen, die zwar eine ausländische Staatsangehörigkeit besitzen, daneben aber die deutsche erworben haben, genießen als Deutsche den Schutz des neuen Gesetzes.

3. Unter „Haft“ ist hier nur die auf Grund des Kriegs- oder Belagerungszustandes vom Inhaber der vollziehenden Gewalt zur Abwendung einer Gefahr für die Sicherheit des Reiches verhängte einfache Haft, d. i. bloße Freiheitsentziehung zu verstehen, mag man sie nun „Schutzhaft“ oder „Sicherungshaft“ nennen. Sie ist nicht gleichbedeutend mit der in einem Strafverfahren verhängten gerichtlichen Untersuchungshaft, viel weniger noch mit der auf Grund von Reichs- oder Landesgesetzen oder Verordnungen verhängten Strafhaft. Infolgedessen finden auch

auf sie weder die Vorschriften der Strafprozeßordnung über die Untersuchungshaft, mit alleiniger Ausnahme des in § 6 ausdrücklich für anwendbar erklärten § 116, noch die der Strafgesetze über die Festungs- oder einfache Haft Anwendung.

Auch mit der in einzelnen Bundesstaaten (für Preußen s. § 10 II 17 ALR., § 6 des Gesetzes v. 12. Febr. 1850 zum Schutze der persönlichen Freiheit, für Bayern s. Artikel 103 des bayerischen Gesetzes v. 18. Aug. 1879 zur Ausführung der Strafprozeßordnung) besonders geregelten Schutz- oder Sicherungshaft, der polizeilichen Verwahrungshaft von Personen zum eigenen Schutz oder zur Aufrechterhaltung der öffentlichen Sicherheit, Sittlichkeit und Ruhe (in Friedenszeiten außerhalb des Kriegs- und Belagerungszustandes) hat die auf Grund des neuen Gesetzes verhängte Haft nichts zu tun, so daß also die für die Verhängung jener polizeilichen Maßnahme geltenden näheren Vorschriften (über Voraussetzungen der Verhängung, Dauer der Haft usw.) hier nicht in Betracht kommen, übrigens auch unberührt bleiben.

4. Die „Aufenthaltsbeschränkung" kann verschiedener Art sein; sie kann insbesondere bestehen im bloßen Verbote, den bisherigen Wohnsitz oder Aufenthaltsort zu verlassen oder weitergehend auch in der Ausweisung aus dem bisherigen Wohnsitz oder Aufenthaltsort und der gleichzeitigen Anweisung eines anderen mit dem Verbote der Rückkehr in den früheren.

Auf die Aufenthaltsbeschränkung finden im allgemeinen (mit Ausnahme der §§ 6 und 12) dieselben Vorschriften des Gesetzes Anwendung wie auf die Haft. Näheres s. § 11.

5. Das Gesetz regelt nur die Anordnung der Haft oder einer Aufenthaltsbeschränkung „durch die vollziehende Gewalt" auf Grund des Kriegs- oder Belagerungszustandes

a) Inhaber der vollziehenden Gewalt sind regelmäßig die Militärbefehlshaber. Gemäß § 4 des maßgebenden preußischen Gesetzes vom 4. Juni 1851 über den Belagerungszustand (s. S. 13) geht mit der Bekanntmachung der Erklärung des Belagerungszustandes die vollziehende Gewalt an die Militärbefehlshaber über, und zwar erfolgt der Übergang ipso jure, unmittelbar kraft Gesetzes, ohne daß es eines besonderen Übertragungsaktes bedarf. Entsch. d. Reichsgerichts i. Strafs. Bd. 49, S. 6; Pürschel S. 73; Romen-Rissom, Waffengebrauch und Festnahmerecht des Militärs S. 154. Wer aber der Militärbefehlshaber ist, auf den die vollziehende Gewalt übergeht, ist in § 4 nicht ausdrücklich bestimmt. Nach einer Entscheidung des Reichsgerichts IV. Senat vom 8. Oktober 1915 ist hier unter „Militärbefehlshaber nur ein solcher zu verstehen, der nach den Bestimmungen des Belagerungszustandsgesetzes selbst zur Erklärung des Belagerungszustandes berechtigt sein sollte, also — abgesehen von dem Falle des § 2 — nur der in § 1 bezeichnete Festungskommandant und der Kommandierende General. In ihren Händen sollte die gesamte vollziehende und militärische Gewalt vereinigt werden; die außerordentlichen Befugnisse, die ihnen verliehen waren, rechtfertigten deren Beschränkung auf die obersten Militärbefehlshaber des in Frage kommenden Bezirkes". (Näheres dazu s. Pürschel, Gesetz über den Belagerungszustand S. 93 ff.). Im einzelnen wird hierzu an derselben Stelle S. 100 ausgeführt:

Für den Fall des Krieges ist Militärbefehlshaber:

1. an erster Stelle der Kaiser;

2. die stellvertretenden Kommandierenden Generale und Festungskommandanten.

3. Gehört das Gebiet eines Friedensarmeekorps zum Operationsgebiet, so tritt an Stelle des stellvertretenden Kommandierenden Generals der Armeeführer bzw. selbständige Kommandierende General. Die Stellung des Festungskommandanten bleibt unberührt.

4. Stellvertretender Kommandierender General und Armeeführer einerseits und Festungskommandant andererseits stehen sich ohne Rücksicht auf die sonstigen militärischen Verhältnisse hinsichtlich der vollziehenden Gewalt gleich. Der Festungskommandant schließt in seinem durch § 1 bestimmten

Bereich (s. S. 12) die vollziehende Gewalt der beiden ersteren aus.

Für den Fall des **Aufruhrs** ist Militärbefehlshaber:

1. Auch hier an erster Stelle der Kaiser, ohne Rücksicht auf den Umfang des in Kriegszustand erklärten Gebietes.

2. Der oberste Militärbefehlshaber des in Kriegszustand erklärten Ortes oder Distriktes. Wer das ist, entscheiden die militärischen Rangverhältnisse des Einzelfalles. Nach unten wird man hier in Übereinstimmung mit den Ausführungen bei Beratung des Gesetzes (StenBer. d. I. Kammer 1850/51, Bd. II, S. 1234) die Grenze dahin zu ziehen haben, daß der Militärbefehlshaber mindestens Disziplinarstrafgewalt haben muß.

In dem Initiativgesetzentwurfe des Reichstages war nur die Anordnung der Schutzhaft „**durch den zuständigen Militärbefehlshaber**" vorgesehen. Drucks. Nr. 431 d. Reichst., 13. Legisl.-Per., II. Sess. 1914/16. Diese Fassung wurde von der Kommission zur Vorberatung des Entwurfs in die jetzige umgeändert. Drucks. Nr. 496, StenBer. d. Reichst. S. 2081 C, S. 2082 C, S. 2083 A. Dazu bemerkte der Berichterstatter der Kommission, Dr. Rießer, bei der ersten Beratung des Entwurfs im Reichstag (StenBer. S. 2080 A): Die vollziehende Gewalt muß nicht notwendig ein Militärbefehlshaber sein, da das Gesetz sich auch auf einen außerhalb des Kriegszustandes im Falle des Aufruhrs bei dringender Gefahr für die öffentliche Sicherheit erklärten Belagerungszustand bezieht. Vgl. hierzu § 2 des preußischen Belagerungszustandsgesetzes (s. S. 13).

b) Für **Elsaß-Lothringen** kommt zunächst für den Fall eines **Krieges** oder **unmittelbar drohenden feindlichen Angriffes** noch in Betracht das „Gesetz über die Vorbereitung des Kriegszustandes in Elsaß-Lothringen" vom 30. Mai 1892 (RGBl. S. 667; s. auch Preußische Dienstvorschrift vom 19. März 1914 über den Waffengebrauch des Militärs, III, Ziff. 4), das bestimmt:

„Bis zum Erlaß eines für das gesamte Reichsgebiet geltenden Gesetzes über den Kriegszustand gelten für Elsaß-Lothringen folgende, mit dem Tage ihrer Verkündigung in Kraft tretende Bestimmungen:

Für den Fall eines Krieges oder im Falle eines unmittelbar drohenden feindlichen Angriffs kann jeder mindestens in der Dienststellung eines Stabsoffiziers befindliche oberste Militärbefehlshaber zum Zweck der Verteidigung in dem ihm unterstellten Orte oder Landesteile vorläufig, bis zu der unverzüglich einzuholenden Entscheidung des Kaisers über die Verhängung des Kriegszustandes, die Ausübung der vollziehenden Gewalt übernehmen.

Die Übernahme der vollziehenden Gewalt erfolgt durch Erklärung des obersten Militärbefehlshabers gegenüber der Zivilverwaltungsbehörde des betreffenden Ortes oder Landesteiles. Diese Erklärung ist in ortsüblicher Weise öffentlich bekannt zu machen.

Die Zivilverwaltungs- und Gemeindebehörden haben den Anordnungen und Aufträgen der Militärbefehlshaber Folge zu leisten. Für ihre Anordnungen und Aufträge sind die betreffenden Militärbefehlshaber persönlich verantwortlich.

Über die getroffenen Verfügungen muß dem Bundesrat und Reichstag sofort beziehungsweise bei ihrem nächsten Zusammentreten Rechenschaft gegeben werden."

Für den Fall eines Aufruhrs ist in Elsaß-Lothringen nur der Gouverneur oder Kommandant einer Festung befugt, selbständig den Belagerungszustand zu erklären und nur für das Gebiet der eigentlichen Festung bis 1 km über die äußere Linie der Befestigungen hinaus (französisches Gesetz v. 9. Aug. 1849; s. von Möller, Sammlung der in Elsaß-Lothringen geltenden Gesetze, 2, 647). Hinsichtlich der Ausführung des Belagerungszustandes gelten dann die Bestimmungen des französischen Gesetzes vom 9. August 1849 und nicht die des preußischen Gesetzes vom 4. Juni 1851 (preußische Dienstvorschrift v. 19. März 1914 über den Waffengebrauch des Militärs, III, Ziff. 6).

c) In Bayern gibt es nach dem maßgebenden Gesetz über den Kriegszustand vom 5. November 1912 keinen Übergang der vollziehenden Gewalt auf den Militärbefehlshaber. Hier sind vielmehr durch die Königliche Verordnung vom 31. Juli 1914 den Militärbefehlshabern die Befugnisse der den Ministerien untergeordneten Zivilstaatsbehörden mit Ausnahme der richterlichen und verwaltungsgerichtlichen Tätigkeit übertragen worden. Als Militärbefehlshaber gelten auf Grund ausdrücklicher Anordnung die Kommandierenden Generale und in der Pfalz der selbständige Kommandeur der 3. Division oder der rangältere der stellvertretenden Infanteriebrigadekommandeure, in Festungen die Gouverneure. Pürschel a. a. O. S. 101.

6. a) Erste Voraussetzung für die Anordnung der Haft oder Aufenthaltsbeschränkung auf Grund dieses Gesetzes ist das Bestehen des „Kriegs- oder Belagerungszustandes".

Die Worte „Kriegszustand" und „Belagerungszustand" bedeuten im Grunde dasselbe, nämlich einen Ausnahmezustand des staatlichen Lebens, sei es in Kriegszeiten, sei es in solchen Friedenszeiten, welche infolge starker Störung der öffentlichen Ordnung und Sicherheit das Aussehen von Kriegszeiten haben. In solchen Zeiten tritt die militärische Gewalt in den Vordergrund, die bürgerlichen Verwaltungsbehörden werden ihr untergeordnet, die ordentlichen Gerichte schränken ihre Tätigkeit ein zugunsten militärisch besetzter Sondergerichte, die Strafandrohungen, namentlich wegen Widerstandes gegen die Staatsgewalt werden verschärft, die verfassungsmäßigen Rechte, namentlich persönliche Freiheit, Preß-, Vereins- und Versammlungsfreiheit können beschränkt werden. Romen-

Rissom, Waffengebrauch und Festnahmerecht des Militärs, S. 130.

b) Der Kriegs- oder Belagerungszustand muß förmlich erklärt sein. Maßgebend sind in dieser Beziehung für das Reich, ausschließlich Bayern, Artikel 68 der Reichsverfassung in Verbindung mit dem preußischen Gesetz über den Belagerungszustand vom 4. Juni 1851, für Bayern, wo Artikel 68 nicht gilt (s. S. 11), das bayerische Gesetz über den Kriegszustand vom 5. November 1912 (in der Fassung der Abänderungsgesetze v. 6. Aug. 1914, 4. Dez. 1915 und 15. Juli 1916), das sich im wesentlichen an das preußische Belagerungszustandsgesetz anschließt.

Nach Artikel 68 der Reichsverfassung kann, wenn die öffentliche Sicherheit in dem Bundesgebiet bedroht ist, der Kaiser einen jeden Teil desselben in Kriegszustand erklären. Bis zum Erlaß eines die Voraussetzungen, die Form der Verkündigung und die Wirkungen einer solchen Erklärung regelnden Reichsgesetzes gelten dafür die Vorschriften des preußischen Gesetzes vom 4. Juni 1851.

Wenn der Kriegszustand vom Kaiser erklärt worden ist, so ist bei Anwendung des preußischen Belagerungszustandsgesetzes vom 4. Juni 1851 überall da, wo dieses Gesetz von „Belagerungszustand" spricht, das Wort „Kriegszustand" zu etzen. Ebenso Pürschel S. 55.

Für den gegenwärtigen Krieg wurde durch Kaiserliche Verordnung vom 31. Juli 1914 „das Reichsgebiet ausschließlich der königlich bayerischen Gebietsteile in Kriegszustand erklärt" (RGBl. 1914, S. 263); für Bayern, für das, wie bemerkt (s. S. 11), Artikel 68 nicht gilt, wurde durch besondere königliche Verordnung vom selben Tage der Kriegszustand erklärt.

Nach § 1 des preußischen Belagerungszustandsgesetzes vom 4. Juni 1851 ist für den Fall eines Krieges in den von dem Feinde bedrohten oder teilweise schon besetzten

Provinzen jeder Festungskommandant befugt, die ihm anvertraute Festung mit ihrem Rayonbezirke, der Kommandierende General aber den Bezirk des Armeekorps oder einzelne Teile desselben zum Zweck der Verteidigung in Belagerungszustand zu erklären. Nach § 2 kann auch für den Fall eines Aufruhrs bei dringender Gefahr für die öffentliche Sicherheit der Belagerungszustand sowohl in Kriegs- als in Friedenszeiten erklärt werden. Die Erklärung des Belagerungszustandes geht alsdann vom Staatsministerium aus, kann aber provisorisch und vorbehaltlich der sofortigen Bestätigung oder Beseitigung durch dasselbe, in dringenden Fällen rücksichtlich einzelner Orte und Distrikte, durch den obersten Militärbefehlshaber in denselben, auf den Antrag des Verwaltungschefs des Regierungsbezirks, wenn aber Gefahr im Verzuge ist, auch ohne diesen Antrag erfolgen. In Festungen geht die provisorische Erklärung des Belagerungszustandes von dem Festungskommandanten aus.

c) Über die Form der Erklärung des Belagerungszustandes bestimmt § 3 des preußischen Gesetzes: Die Erklärung des Belagerungszustandes ist bei Trommelschlag oder Trompetenschall zu verkünden, und außerdem durch Mitteilung an die Gemeindebehörde, durch Anschlag an öffentlichen Plätzen und durch öffentliche Blätter ohne Verzug zur allgemeinen Kenntnis zu bringen.

Darüber, ob alle hier vorgeschriebenen Verkündungsformen nebeneinander in jedem Orte, für den der Belagerungszustand erklärt wird, also in jeder Gemeinde Deutschlands (mit Ausnahme von Bayern) anzuwenden sind, derart, daß von ihrer völligen Erfüllung die Gültigkeit der Erklärung des Belagerungszustandes abhängt, oder ob es genügt, daß eine der vier Verkündungsformen erfüllt wird, herrscht in Wissenschaft und Rechtsprechung Streit. Das Reichsgericht III. Senats hat sich in einer Entscheidung vom 26. April 1915 dahin ausgesprochen, daß eine Verkündung bei Trommelschlag oder Trompetenschall in jeder einzelnen

Gemeinde vom Gesetz nicht gefordert werde und auch praktisch undurchführbar sei, daß es vielmehr genüge, wenn die Verkündung bei Trommelschlag und Trompetenschall dort stattgefunden habe, wo die Erklärung des Kriegszustandes selbst erlassen worden sei. Da die Erklärung des reichsrechtlichen Kriegszustandes stets vom Kaiser ausgeht, hält das Reichsgericht den Aufenthaltsort des Kaisers für maßgebend. Im übrigen läßt es das Reichsgericht dahingestellt sein, ob die Wirksamkeit der Erklärung des Kriegszustandes überhaupt von dieser Verkündungsart abhängt (Das Recht, 1915, S. 346, Nr. 564; Deutsche Strafr.-Ztg., 1915, S. 396). Pürschel, der sich mit der Streitfrage eingehend befaßt („Gesetz über den Belagerungszustand", S. 48 ff.), kommt zu folgendem Ergebnis: Eine Häufung der Verkündung bei Trommelschlag oder Trompeten und einer der drei anderen Verkündungsarten sei nicht erforderlich. Wesentlich sei allein die Verkündung bei Trommelschlag oder Trompetenschall, sie allein mache die Erklärung rechtswirksam. Die weitere Vorschrift über das „zur allgemeinen Kenntnis bringen" sei lediglich eine Sollvorschrift, von deren Ausführung die Wirksamkeit der Erklärung nicht abhänge. Werde die Sollvorschrift aber ausgeführt, dann seien alle drei Arten anzuwenden. Zu verkünden sei die Erklärung von demjenigen, der sie erlasse, d. h. beim reichsrechtlichen Kriegszustande vom Kaiser. Hiernach sei also die Erklärung des Kriegszustandes bei Trommelschlag oder Trompetenschall am Aufenthaltsort des Kaisers zu verkünden und werde damit rechtswirksam; daneben solle sie noch (müsse aber nicht) in allen Gemeinden durch Mitteilung an die Gemeindebehörde, durch Anschlag an öffentlichen Plätzen und durch öffentliche Blätter (Kreisblätter, Amtsblätter oder andere verbreitete Zeitungen) allgemein bekannt gemacht werden.

Dieser Auffassung, die auch bereits in Romen-Rissom, Waffengebrauch und Festnahmerecht des Militärs, S. 154 vertreten ist, wird hier nochmals zugestimmt.

Ein Muster für die Verkündung und Bekanntmachung der Erklärung des Kriegs- und Belagerungszustandes befindet sich in der Preußischen Dienstvorschrift über den Waffengebrauch des Militärs vom 19. März 1914, III, Ziff. 12. Vgl. dazu Romen-Rissom, Waffengebrauch und Festnahmerecht des Militärs.

Für Bayern kommen folgende Vorschriften des bayerischen Gesetzes über den Kriegszustand vom 5. November 1912 in Betracht (Bayer. Gesetz- und Verordnungsblatt, 1912, S. 1161):

„**Art. 1. Nach Ausbruch eines Krieges oder bei unmittelbar drohender Kriegsgefahr kann durch Königliche Verordnung der Kriegszustand verhängt werden.**

Art. 2. Die Verhängung des Kriegszustandes ist in den davon betroffenen Orten oder Bezirken öffentlich zu verkünden.

Die Verkündung soll durch öffentlichen Anschlag und durch Bekanntmachung in den öffentlichen Blättern sowie durch öffentlichen Ausruf erfolgen, dem, soweit möglich, ein durch Trommelschlag oder Trompetenschall gegebenes Signal vorangehen soll."

Nähere Bestimmungen über die öffentliche Bekanntmachung der Verhängung des Kriegszustandes enthalten die §§ 1 bis 5 der „Bekanntmachung vom 13. März 1913, die Vollzugsvorschriften zu dem Gesetz über den Kriegszustand betreffend" (abgedruckt in Dietz, Taschenbuch des Militärrechts für Kriegszeiten, 2. Aufl. S. 431 ff.).

Zu bemerken ist hierzu, daß auch hier die in Art. 2 Abs. 2 gegebenen Vorschriften über die Art der öffentlichen Verkündung nur Sollvorschriften sind, von deren Ausführung die Wirksamkeit der Verhängung des Kriegszustandes nicht abhängig ist. Jedenfalls wird zur Wirksamkeit die eine oder andere Form der Verkündung genügen.

In Übereinstimmung mit dieser Auffassung heißt es in § 3 der vorerwähnten Bekanntmachung vom 13. März 1913:

„**Die rechtlichen Wirkungen der Verhängung des Kriegszustandes treten in den einzelnen Orten ein, sobald dort die Verkündung durch eine der im § 2 bezeichneten Arten erfolgt ist.**"

d) Die Anordnung der Haft oder einer Aufenthaltsbeschränkung ist nur so lange zulässig, als der Kriegs- oder Belagerungszustand besteht. Sobald der Kriegs- oder Belagerungszustand rechtswirksam aufgehoben ist, fällt die Befugnis zur Anordnung der Haft oder einer Aufenthaltsbeschränkung auf Grund dieses Gesetzes fort. Außerdem ist nach der ausdrücklichen Vorschrift des Gesetzes (§ 5) jede bereits verhängte Haft oder Aufenthaltsbeschränkung sofort aufzuheben, „wenn der Kriegs- oder Belagerungszustand aufgehoben ist". Rechtswirksam wird die Aufhebung mit ihrer Veröffentlichung. Über die Bekanntmachung ist in § 3 des preußischen Belagerungszustandsgesetzes bestimmt:

„**Die Aufhebung des Belagerungszustandes wird durch Anzeige an die Gemeindebehörde und durch die öffentlichen Blätter zur allgemeinen Kenntnis gebracht.**"

Und in Artikel 9 des bayerischen Gesetzes über den Kriegszustand heißt es:

„**Die Aufhebung des Kriegszustandes erfolgt durch Königliche Verordnung und ist durch öffentliche Blätter bekannt zu machen.**"

Hierzu ist in § 7 der oben (Anm. 6c) erwähnten Bekanntmachung vom 13. März 1913 näher bestimmt:

„Die Aufhebung des Kriegszustandes wird im Gesetz- und Verordnungsblatt, im KMVBl. und im Bayerischen Staatsanzeiger veröffentlicht.

Mit der Veröffentlichung im Gesetz- und Verordnungsblatt tritt der Kriegszustand außer Kraft.

Die Aufhebung des Kriegszustandes ist überdies von der Distriktsverwaltungsbehörde, in München von der Polizeidirektion, in dem Amtsblatt und in den Tageszeitungen, die in dem betroffenen Bezirke erscheinen, zur öffentlichen Kenntnis zu bringen."

Was die Bedeutung dieser Vorschriften über die Art der Bekanntmachung anlangt, so ist auch hier anzunehmen, daß es sich nur um Sollvorschriften handelt, ohne daß von ihrer genauen Erfüllung die Wirksamkeit der Aufhebung abhängt. Jede Art der Veröffentlichung wird als ausreichend anzusehen sein. Ebenso Pürschel a. a. O. S. 56. S. auch Anm. 6 c) am Schluß.

7. a) Fernere notwendige Voraussetzung für die Zulässigkeit der Anordnung der Haft oder einer Aufenthaltsbeschränkung ist, daß sie „erforderlich ist zur Abwendung einer Gefahr für die Sicherheit des Reiches".

In dem Iniativgesetzentwurfe des Reichstages war die Fassung eine andere; nach ihr sollte die Schutzhaft von dem zuständigen Militärbefehlshaber nur dann angeordnet werden können, „wenn der damit beabsichtigte Zweck auf andere Weise nicht erreicht werden kann" (Drucks. Nr. 431 d. Reichst., 13. Legisl.-Per., II. Sess. 1914/16). Seitens des Reichstages wurde diese Fassung aber als zu unbestimmt und zu dehnbar angesehen (StenBer. d. Verh. d. Reichst., S. 1860 C, S. 1862 B). Die Fassung des Gesetzes beruht auf dem Beschlusse der Kommission zur Vorberatung des Entwurfes (Drucks. Nr. 496 d. Reichst., 13. Legisl.-Per., II. Sess. 1914/16, StenBer. d. Verh. d. Reichst., S. 2081 C, 2082 C, 2083 A). S. auch Anm. 1.

b) Zu betonen ist zunächst schärfstens, daß eine Haft oder Aufenthaltsbeschränkung auf Grund dieses Gesetzes niemals als Strafe verhängt werden darf. In dieser Beziehung trifft auch nach Erlaß des Gesetzes noch zu, was in der Verordnung des preußischen Kriegsministeriums vom 22. Juli 1916 (s. S. 17) gesagt ist: „Jedenfalls darf Schutzhaft als Strafe für Verstöße gegen bestehende Anordnungen weder angedroht noch verhängt werden, da eine solche Maßnahme der Rechtsgrundlage entbehrt."

c) Die Anordnung der Haft oder Aufenthaltsbeschränkung darf nur erfolgen, wenn sie **erforderlich** ist zur **Abwendung** einer „**Gefahr für die Sicherheit des Reiches**.

Was als „Gefahr für die Sicherheit des Reiches" anzusehen ist, hat das Gesetz selbst nicht bestimmt.

α) „**Gefahr**" ist die größere oder geringere Wahrscheinlichkeit eines nach menschlicher Erfahrung zu erwartenden Nachteils (**Romen-Rissom**, Militärstrafgesetzbuch, 2. Aufl., § 93 Anm. 4; Entsch. d. Reichsgerichts i. Strafs., Bd. 6 S. 397; Entsch. d. Reichsmilitärgerichts, Bd. 8 S. 247, Bd. 17 S. 148. „Gefahr ist", so sagt v. Liszt, Lehrbuch des Strafrechts, 20. Aufl., § 28, „der Zustand, in dem, unter den gegebenen und im Augenblicke der Willensbetätigung auch allgemein erkennbaren oder nur dem Täter bekannten Umständen, die nahe Möglichkeit (Wahrscheinlichkeit) gegeben ist, daß der Eintritt der Verletzung erfolgen werde." S. auch Frank, Kommentar zum Strafgesetzbuch, § 1 Anm. II; Olshausen, Kommentar zum Strafgesetzbuch, § 52 Anm. 7). Daß die Gefahr dringend sei oder tatsächlich bereits bestehe, ist nicht erforderlich; auch eine **drohende** Gefahr ist ausreichend. „**Gefahr**" für die Sicherheit des Reiches liegt demnach sowohl dann vor, wenn der Eintritt der Störung der Sicherheit des Reiches unmittelbar bevorsteht, als auch dann, wenn die Störung mit Wahrscheinlichkeit zu erwarten ist.

β) Unter der „**Sicherheit des Reiches**", für die eine Gefahr bestehen oder drohen muß, ist sowohl die **äußere** wie die **innere** Sicherheit, in erster Linie die **militärische** und **politische** Sicherheit des Reiches zu verstehen. So wird besonders die Gefährdung der Sicherheit des Heeres, der Landesverteidigung — auch ohne daß der Tatbestand einer strafbaren Handlung vorliegt — als Gefahr für die Sicherheit des Reiches gelten müssen. Unter Umständen wird aber auch die Gefährdung der **wirtschaftlichen** Lage und Sicherheit im Reiche als Gefährdung der Sicherheit des Reiches angesehen werden können, so würde z. B. eine Gefährdung der allgemeinen Volksernährung auch die Ernährung des Heeres treffen. Eine Hungersnot würde das Reich zur Unterwerfung zwingen und es aller militärischen Erfolge berauben. Bürschel, Gesetz über den Belagerungszustand, S. 162.

Bloße Gefährdung oder Störung der öffentlichen Ruhe und Ordnung, selbst in größerem Umfange, wird regelmäßig nicht als Gefahr für die Sicherheit des Reiches gelten und daher keine gesetzliche Unterlage zur Anordnung der Haft oder einer Aufenthaltsbeschränkung auf Grund dieses Gesetzes bilden können. Daß dieserhalb auf Grund der Landesgesetze innerhalb der dort vorgesehenen Grenzen eine Schutz- oder Sicherungshaft erfolgen kann (in Preußen auf Grund des § 10 II 17 ALR. und § 6 des Gesetzes vom 12. Februar 1850, wenn die Aufrechterhaltung der öffentlichen Sicherheit, Sittlichkeit und Ruhe diese Maßregel dringend erforderlich macht), wurde bereits bemerkt; s. S. 31.

γ) Endlich darf die Anordnung der Haft oder einer Aufenthaltsbeschränkung nur erfolgen, wenn sie zur Abwendung einer Gefahr für die Sicherheit des Reichs „erforderlich" ist, d. h. die Anordnung muß notwendiges Mittel zur Abwendung der Gefahr sein. Daß sie das einzig mögliche Mittel zur Abwendung sei, wird nicht gefordert werden dürfen. Darüber, ob die Anordnung der Haft oder einer Aufenthaltsbeschränkung „erforderlich" ist, entscheidet zunächst der Militärbefehlshaber (oder sonstige Inhaber der vollziehenden Gewalt) lediglich nach eigenem, freien, pflichtmäßigen Ermessen. An die Gesetze bleibt er, soweit sie nicht außer Kraft gesetzt worden sind (§ 5 des preußischen Gesetzes v. 4. Juni 1850, s. S. 14, 15), gebunden. Im übrigen aber ist er für seine Anordnungen allein seinem militärischen Vorgesetzten gegenüber verantwortlich. Jede Verantwortung gegenüber einer Zivilbehörde ist ausgeschlossen, ebenso jede Nachprüfung seiner Anordnungen im Wege der Verwaltungsgerichtsbarkeit (Romen-Rissom, Waffengebrauch und Festnahmerecht des Militärs, S. 152). Seine Verantwortung beschränkt sich ausschließlich auf die Gesetzmäßigkeit seiner Anordnungen. Die Verantwortung besteht in einer strafrechtlichen Haftung (s. §§ 339, 341, 345, 357 RStGB. über Verbrechen und Vergehen im Amte), in einer zivilrechtlichen (wobei in erster Linie § 823 Abs. 1 BGB. und die Vorschriften bezüglich des Schadensersatzes in §§ 249 ff., §§ 842 ff. BGB. in Betracht kommen) und in einer disziplinaren.

Gegen die Anordnung der Haft und Aufenthaltsbeschränkung ist lediglich die Beschwerde an das Reichsmilitärgericht zugelassen (§§ 3, 11) und unter Umständen auf Grund des Gesetzes über den Kriegszustand vom 4. Dezember 1916 und der dazu ergangenen Kaiserlichen Verordnung vom gleichen Tage die Beschwerde im Aufsichtswege an den Obermilitärbefehlshaber. Näheres s. § 3 Anm. 13.

8. Es fragt sich, ob durch das neue Gesetz die verfassungsmäßig gewährleistete Immunität der Abgeordneten irgendwie berührt wird. In Betracht kommt zunächst Artikel 31 der Reichsverfassung, der bestimmt:

> **„Ohne Genehmigung des Reichstages kann kein Mitglied desselben während der Sitzungsperiode wegen einer mit Strafe bedrohten Handlung zur Untersuchung gezogen oder verhaftet werden, außer wenn es bei Ausübung der Tat oder im Laufe des nächstfolgenden Tages ergriffen wird.**
>
> **Gleiche Genehmigung ist bei einer Verhaftung wegen Schulden erforderlich.**
>
> **Auf Verlangen des Reichstages wird jedes Strafverfahren gegen ein Mitglied desselben und jede Untersuchungs- oder Zivilhaft für die Dauer der Sitzungsperiode aufgehoben."**

Hierzu führte der Abgeordnete Dr. Rießer als Berichterstatter der Kommission bei der zweiten Beratung des Entwurfs im Reichstage folgendes aus (StenBer. d. Verh. d. Reichst., 13. Legisl.-Per., II. Sess. 1914/16, S. 2082 A, B):

„Nach Artikel 31 der Reichsverfassung soll kein Mitglied des Reichstags ohne seine Zustimmung während der Sitzungsperiode wegen einer mit Strafe bedrohten Handlung in Untersuchung gezogen oder verhaftet werden, außer wenn es bei Ausführung der Tat oder im Laufe des nächstfolgenden Tages ergriffen wird. Die Kommission ist einstimmig der Ansicht, daß diese Vorschrift sich auch auf die Fälle der Schutzhaft und sinngemäß auch auf die Fälle der Aufenthaltsbeschränkung bezieht, und sie hält jede von ihr abweichende Auslegung oder Handlung als dem Gesetze nicht entsprechend. Die Kommission hat aber angesichts der nach ihrer Ansicht zweifellosen Rechtslage davon Abstand genommen, eine Resolution über diese Frage anzuregen und hat es aus gleichem Grunde noch weniger für erforderlich gehalten, besondere Vorschriften zur Wahrung der Immunität der Reichstagsabgeordneten in diesem Gesetzentwurf aufzunehmen."

Diesen Ausführungen wird man unbedenklich beistimmen und demnach annehmen können, daß die Vorschrift der Reichsverfassung auch auf dieses Gesetz Anwendung findet. Trotzdem wäre es wohl zweckmäßiger und jedenfalls vorsichtiger gewesen, eine diesbezügliche Bestimmung in das Gesetz selbst aufzunehmen. Denn eine bindende Kraft kann der Ansicht der Kommission trotz ihrer Einstimmigkeit wohl nicht beigelegt werden.

b) Als selbstverständlich aber muß es gelten, daß das, was hier bezüglich des Artikels der Reichsverfassung angenommen wird, auch auf die entsprechenden Vorschriften in den Verfassungen der einzelnen Bundesstaaten sinngemäß anzuwenden ist. So bestimmt z. B. Art. 84 der preußischen Verfassung:

„Kein Mitglied einer Kammer kann ohne deren Genehmigung während der Sitzungsperiode wegen einer mit Strafe bedrohten Handlung zur Untersuchung ge-

zogen oder verhaftet werden, außer wenn es bei Ausübung der Tat oder im Laufe des nächstfolgenden Tages nach derselben ergriffen wird.

Gleiche Genehmigung ist bei einer Verhaftung wegen Schulden notwendig.

Jedes Strafverfahren gegen ein Mitglied der Kammer und eine jede Untersuchungs- oder Zivilhaft wird für die Dauer der Sitzungsperiode aufgehoben, wenn die betreffende Kammer es verlangt."

Vgl. auch bayerische Verfassungsurkunde, Tit. VII § 26.

Diese landesgesetzlichen Bestimmungen über die Voraussetzungen, unter welchen gegen Mitglieder einer gesetzgebenden Versammlung während der Dauer einer Sitzungsperiode eine Strafverfolgung eingeleitet oder fortgesetzt werden kann — wozu in erster Linie die Bestimmungen über die Verhaftung von Mitgliedern gehören —, sind durch die Strafprozeßordnung unberührt gelassen worden. S. § 6 Abs. 2 Nr. 1 des Einführungsgesetzes zur Strafprozeßordnung. Demnach müssen auch in den einzelnen Bundesstaaten die Mitglieder der Landesvertretung nach Maßgabe ihrer Landesverfassung und innerhalb der durch sie gezogenen Grenzen, ebenso wie auf Grund der Reichsverfassung die Mitglieder des Reichstages, gegen Anordnung einer Haft oder Aufenthaltsbeschränkung auf Grund dieses Gesetzes als geschützt gelten.

Zu bemerken ist hierzu aber noch, daß regelmäßig (so Reichsverfassung Art. 31, preußische Verfassung Art. 84) nur die Anordnung und Ausführung der Verhaftung eines Mitgliedes während der Sitzungsperiode verboten sind. Eine bereits vor Eröffnung einer Sitzungsperiode vorgenommene Verhaftung braucht nicht ohne weiteres unterbrochen zu werden, dauert vielmehr zunächst fort, bis seitens des Reichstages oder der betreffenden Kammer die Aufhebung der Haft verlangt wird. Dasselbe hat sinngemäß bezüglich einer auf Grund des neuen Gesetzes angeordneten Haft oder Aufenthaltsbeschränkung zu gelten.

Erfordernis eines schriftlichen Haftbefehls und der Bekanntgabe an den Verhafteten.

§ 2.

Der Haftbefehl ist schriftlich zu erlassen und dem Verhafteten bei der Verhaftung und, falls dies nicht möglich ist, unverzüglich nach der Verhaftung bekannt zu geben; auf Verlangen ist ihm eine Abschrift zu erteilen. Im Haftbefehl sind die der Verhaftung zugrunde liegenden Tatsachen anzugeben.

1. Die Vorschrift ist dem § 114 der Strafprozeßordnung nachgebildet. Im Entwurf waren es die §§ 2 und 3; dort hatten sie folgenden Wortlaut:

§ 2.

Der Haftbefehl ist schriftlich zu erlassen; in der Anordnung ist der zu Verhaftende genau zu bezeichnen und der Grund der Verhaftung anzugeben.

§ 3.

Dem Verhafteten ist der Haftbefehl bei der Verhaftung und, wenn dies nicht tunlich ist, spätestens nach seiner Einlieferung in die Haft durch Verkündung bekannt zu geben; auf Verlangen ist ihm eine Abschrift zu erteilen.

Die jetzige Fassung wurde von der Kommission beschlossen (Drucks. Nr. 496) und vom Reichstag in allen drei Beratungen unverändert angenommen (StenBer. d. Verh. d. Reichst. S. 2081 C, S. 2082 C, S. 2083 A).

2. a) Unter dem „Haftbefehl" ist gemäß § 1 die Entscheidung des Inhabers der vollziehenden Gewalt, durch welche die Haft angeordnet wird, zu verstehen. Der Haftbefehl muß schriftlich abgefaßt sein und zwar regelmäßig schon vor der Verhaftung; dies ergibt sich daraus, daß er dem Verhafteten bei der Verhaftung bekannt zu geben ist. Die Schriftlichkeit ist wesentliches Erfordernis, derart, daß davon die Rechtmäßigkeit des Haftbefehls abhängig ist.

b) Regel ist, daß die Bekanntgabe sogleich bei der Verhaftung zu erfolgen hat; nur ausnahmsweise, „falls dies nicht möglich ist", darf sie nachher erfolgen, aber auch dann spätestens „unverzüglich nach der Verhaftung".

Unter der „Verhaftung" ist die Vollstreckung des Haftbefehls, also die Festnahme auf Grund des schriftlichen Haftbefehles zu verstehen, nicht schon die bloße Vorführung oder vorläufige Festnahme zum Zwecke der Anordnung der Haft.

„Unverzüglich" heißt „ohne schuldhaftes Zögern" (§ 121 BGB.), also ohne unnützen Aufenthalt, und zwar auch an Sonn- und allgemeinen Feiertagen.

3. Über die Form der „Bekanntgabe" des Haftbefehls hat das Gesetz nichts Näheres bestimmt. Hiernach bedarf es zunächst in keinem Falle der Bekanntgabe in rechtsförmlicher Weise, d. h. durch Zustellung nach den Vorschriften der Zivilprozeßordnung (§§ 166—213), und zwar auch dann nicht, wenn die Bekanntgabe erst nach der Verhaftung erfolgt. Dies ergibt sich in erster Linie daraus, daß der in § 114 StPO. — dem, wie bemerkt, § 2 nachgebildet ist — in Bezug genommene § 35 StrPO., der für gewisse Entscheidungen die Bekanntmachung durch Zustellung vorschreibt, in § 2 nicht aufgenommen ist. Ferner folgt es daraus, daß dem Verhafteten nur auf sein Verlangen eine Abschrift zu erteilen ist. Einer förmlichen Zustellung bedarf es auch um deswillen nicht, weil nach § 3 die Beschwerde an keine Frist gebunden ist und deshalb der eigentliche Zweck der Zustellung, die erfolgte Bekanntmachung urkundlich zu beweisen, fortfällt. Daraus, daß in § 3 von „Zustellung" des Haftbefehls die Rede ist, kann nicht die unbedingte Notwendigkeit der Bekanntgabe durch Zustellung gefolgert werden. Vielmehr ist hier mit der Zustellung offensichtlich die in § 2 für erforderlich erklärte Bekanntgabe des Haftbefehles gemeint. Es genügt jede formlose Art der Mitteilung des Inhalts des Haftbefehls. Auch einer vollständigen wörtlichen Vorlesung des Haftbefehles bedarf es nicht. Die in dem Entwurf enthaltene Vorschrift, daß die Bekanntgabe förmlich „durch Verkün-

bung" erfolgen müsse, ist in das Gesetz nicht aufgenommen. S. Anm. 1.

Daß die Bekanntgabe des Haftbefehls an den Verhafteten stattgefunden hat, ist aktenkundig zu machen.

4. Über den Inhalt des Haftbefehles bestimmt das Gesetz, daß darin „die der Verhaftung zugrunde liegenden Tatsachen anzugeben sind".

a) Hierzu muß zunächst bemerkt werden, daß in erster Linie natürlich auch der zu Verhaftende im Haftbefehl so genau zu bezeichnen ist, wie dies zur zweifellosen Feststellung seiner Persönlichkeit notwendig ist. Im Entwurfe war eine diesbezügliche ausdrückliche Vorschrift enthalten, sie ist aber von der Kommission, wohl weil es sich um ein selbstverständliches Erfordernis handelt, gestrichen worden. S. Anm. 1.

b) Des weiteren sind sodann anzugeben die der Verhaftung zugrunde liegenden „Tatsachen". Aus der Gegenüberstellung dieser Fassung des Gesetzes mit der im Entwurfe, wonach im Haftbefehl der „Grund der Verhaftung" anzugeben war (s. Anm. 1), ergibt sich, daß nach dem Willen des Gesetzgebers diejenigen Tatsachen, welche den Grund der Anordnung der Haft bilden, im einzelnen bestimmt anzuführen sind. Der Verhaftete soll durch Bekanntgabe des Haftbefehles Aufklärung und Gewißheit darüber erhalten, auf Grund welcher Tatsachen seine Verhaftung angeordnet worden ist, und soll dadurch in den Stand gesetzt werden, bei einer Beschwerde gegen den Haftbefehl (gemäß § 3) sowie bei seiner richterlichen Vernehmung (§ 4) die Gründe, die zu seiner Verhaftung geführt haben, zu widerlegen. Unter den „Tatsachen" sind wirkliche Ereignisse, wirkliche Geschehnisse zu verstehen. Diese brauchen aber nicht notwendig in eigenen Handlungen oder Äußerungen des zu Verhaftenden zu bestehen. Unter „Tatsachen" sind zu verstehen „nur konkrete Vorgänge, welche in der Vergangenheit oder Gegenwart in die Erscheinung getreten und dadurch Gegenstand der Wahrnehmung geworden sind. Innere Vorgänge (Ansichten oder Absichten), deren Dasein und Art dargetan und damit wahrnehmbar gemacht werden können, sind aus dem Kreise der Tatsachen nicht ausgeschlossen, wohl aber alle Ergebnisse abstrakter Schlußfolgerungen". Entscheidungen des Reichsgerichts in Strafsachen Bd. 22, S. 158. Vgl. auch Bd. 24, S. 300. „Tatsache ist zunächst nur, was der Gegenwart oder der Vergangenheit, nicht aber, was der Zukunft angehört. Tatsache ist nur, was der sinnlichen Wahrnehmung zugänglich ist. Dieser stellt die herrschende Ansicht mit Recht auch die Selbstbeobachtung gleich; sie rechnet zu den Tatsachen auch Ansichten und Absichten." Liszt, Lehrbuch des deutschen Strafrechts, 20. Aufl. § 96, II, 2. Zu betonen bleibt, daß bloße Vermutungen zur Anordnung der Haft nicht genügen. Die bloße Anführung im Haftbefehl, daß die Haft „erforderlich sei zur Abwendung einer Gefahr für die Sicherheit des Reiches" wäre keine Angabe der der Verhaftung zugrunde liegenden Tatsachen und würde daher der Vorschrift des Gesetzes nicht genügen.

Einer Mehrzahl von Tatsachen bedarf es trotz des Wortlautes des Gesetzes („Tatsachen") nicht; eine einzige kann zur Begründung der Anordnung der Haft genügen.

5. Gemäß § 3 ist der Verhaftete bei Zustellung des Haftbefehles (s. oben Anm. 3) darüber zu belehren, daß ihm gegen die Verhaftung jederzeit das Rechtsmittel der Beschwerde an das Reichsmilitärgericht zusteht. Näheres s. § 3. Ferner ist der Verhaftete bei seiner richterlichen Vernehmung spätestens am Tage nach seiner Verhaftung (§ 4) gemäß § 8 darüber zu belehren, daß er das Recht hat, nach zweiwöchiger Dauer der Haft die Bestellung eines Verteidigers zu beantragen und daß dann die Bestellung erfolgen muß. Näheres s. § 8.

6. Zeitlich unterliegt die Vollstreckung des Haftbefehls keiner Beschränkung, die Verhaftung kann insbesondere auch zur Nachtzeit erfolgen (die Nachtzeit umfaßt im Zeitraum

vom 1. April bis 30. September die Stunden von 9 Uhr abends bis 4 Uhr morgens und im Zeitraum vom 1. Oktober bis 31. März die Stunden von 9 Uhr abends bis 6 Uhr morgens, § 104 Abs. 3 StPO.). Dies gilt auch dann, wenn etwa zwecks Ergreifung des zu Verhaftenden zur Nachtzeit eine Haussuchung vorgenommen werden soll. Die einschränkenden Vorschriften der Strafprozeßordnung (§ 104) kommen hier nicht in Betracht.

7. Daß der Inhaber der vollziehenden Gewalt, nachdem er einen Haftbefehl erlassen hat, berechtigt ist, auf Grund des Haftbefehls einen Steckbrief zu erlassen, wenn der zu Verhaftende flüchtig ist oder sich verborgen hält, ist zwar im Gesetze nicht ausdrücklich ausgesprochen; dies muß aber, da es sich um eine aus dem Zwecke der Anordnung der Haft sich von selbst ergebende, unter Umständen unerläßliche Maßregel handelt, doch als unbestreitbares Recht anerkannt werden.

8. Eine Verschonung mit der Haft gegen Sicherheitsleistung, wie sie nach § 117 StPO. bei der Untersuchungshaft zulässig ist, wenn die Verhaftung lediglich wegen Fluchtgefahr angeordnet wird, kommt für die auf Grund des § 1 angeordnete Haft nicht in Betracht.

9. Die Vorschriften des § 2 über Erlaß und Bekanntgabe des Haftbefehls finden gemäß § 11 auf die Aufenthaltsbeschränkungen entsprechende Anwendung. Näheres s. § 11.

Beschwerderecht des Verhafteten.

§ 3.

Gegen die Verhaftung steht dem Verhafteten jederzeit das Rechtsmittel der Beschwerde an das Reichsmilitärgericht zu. Bei Zustellung des Haftbefehls ist der Verhaftete hierüber zu belehren. Das Reichsmilitärgericht entscheidet in der Besetzung von vier richterlichen und drei militärischen Mitgliedern.

Das Reichsmilitärgericht kann eine mündliche Verhandlung anordnen und muß dies tun, falls der Verhaftete es beantragt. Es kann den Verhafteten durch einen beauftragten oder ersuchten Richter vernehmen lassen.

1. In dem Initiativgesetzentwurf bildete § 3 den § 4 und lautete folgendermaßen (Drucks. Nr. 431):

„Gegen die Verhaftung steht dem Verhafteten das Rechtsmittel der Beschwerde an das Reichsmilitärgericht zu. Bei Zustellung des Haftbefehls ist dies dem Verhafteten zu eröffnen."

Die jetzige Fassung beruht auf den Beschlüssen des 21. Ausschusses zur Vorberatung des Entwurfs eines Gesetzes, betreffend die Schutzhaft während eines Kriegszustandes, Drucks. Nr. 496; sie wurde vom Reichstag in allen drei Beratungen unverändert angenommen. StenBer. S. 2081 C, S. 2082 C, S. 2083 A.

2. Über den Begriff „Verhaftung" s. § 2 Anm. 2b.

3. Die Beschwerde steht in erster Linie dem Verhafteten selbst zu. Hat er einen Verteidiger zugezogen — was er nach § 7 jederzeit kann — oder ist ihm gemäß § 7 ein solcher bestellt worden, so ist dieser berechtigt, die Beschwerde für den Verhafteten einzulegen. Das Gleiche wird (wie im Strafverfahren nach § 340 StPO.) von dem gesetzlichen Vertreter des Verhafteten und dem Ehemann einer Verhafteten zu gelten haben.

4. Die Beschwerde ist, wie insbesondere das — im Initiativgesetzentwurfe nicht enthaltene (s. Anm. 1), erst von der Kommission hinzugefügte — Wort „jederzeit" zweifellos macht, an keine Frist gebunden. Aus diesem Grunde bedarf es auch keiner förmlichen Zustellung des Haftbefehls an den Verhafteten, es genügt vielmehr die einfache, formlose **Bekanntgabe des Haftbefehles, da der Zweck der Zustellung — Beurkundung des Zeitpunkts der Bekannt-**

gabe, um prüfen zu können, ob die Frist gewahrt ist — fortfällt. Wenn § 3 von „Zustellung" des Haftbefehles spricht, so soll damit keineswegs gesagt werden, daß rechtsförmliche Zustellung gemäß §§ 166—213 ZPO. nötig sei. Vielmehr ist damit allgemein jede Art der nach § 2 erforderlichen „Bekanntgabe" des Haftbefehls gemeint. S. auch § 2 Anm. 3.

5. Über Form und Inhalt der Beschwerde gibt das Gesetz keine näheren Vorschriften.

a) Hiernach ist zunächst die Einlegung an keine bestimmte Form gebunden. Die Beschwerde kann sowohl mündlich wie schriftlich eingelegt werden, im letzteren Falle sowohl durch Eingabe an den Inhaber der vollziehenden Gewalt oder das Gericht als auch durch Erklärung zu Protokoll eines Richters oder Gerichtsschreibers.

b) Da auch bezüglich des Inhaltes der Beschwerde vom Gesetze weder bestimmte Erfordernisse noch Einschränkungen aufgestellt sind, kann sie in allen Fällen sowohl aus rechtlichen wie aus tatsächlichen Gründen erhoben werden. Auch können jederzeit, insbesondere bei Wiederholung der Beschwerde, neue Tatsachen oder Beweismittel vorgebracht werden.

6. Zu richten ist die Beschwerde unmittelbar an das Reichsmilitärgericht, das seinen Sitz in Charlottenburg hat. Wird sie irrigerweise an eine falsche Stelle gerichtet, so hat diese sie unverzüglich an das zuständige Reichsmilitärgericht weiterzugeben. „Es versteht sich von selbst," so führte bei der ersten Beratung des Entwurfs im Reichstage der Berichterstatter der Kommission aus (StenBer. S. 2080 A), „daß, wenn etwa der Verhaftete irrtümlich, weil er den richtigen Weg nicht kennt, seine Beschwerde an irgendeine andere (militärische oder polizeiliche oder sonstige) Behörde, also nicht direkt an das Reichsmilitärgericht gerichtet haben sollte, diese Behörde verpflichtet wäre, die Beschwerde sofort an das Reichsmilitärgericht abzugeben."

7. Die Beschwerde hat keine aufschiebende Wirkung; ihre Einlegung hat weder Aussetzung der Vollstreckung der Haft noch deren Unterbrechung zur Folge. Wohl aber ist der Inhaber der vollziehenden Gewalt, der die Haft angeordnet hat, berechtigt, auf Grund der Beschwerde seinerseits selbständig die Haft wieder aufzuheben. Anlaß hierzu können etwaige neue Anführungen oder Beweise in der Beschwerde bieten. Zu einer selbständigen Zurückweisung der Beschwerde aber ist der Inhaber der vollziehenden Gewalt, auch wenn sie von vornherein unbegründet erscheint, nicht befugt.

8. Über das Beschwerderecht ist der Verhaftete „bei Zustellung des Haftbefehles zu belehren".

Wegen der Bedeutung des Wortes „Zustellung" s. Anm 3 und § 2 Anm 3.

Bezüglich der Form der „Belehrung" gibt das Gesetz keine nähere Vorschrift. Es genügt jede Art des ausdrücklichen Hinweises des Verhafteten darauf, daß er sich gegen den Haftbefehl jederzeit beim Reichsmilitärgericht beschweren könne. Dieser Hinweis kann ebensowohl schriftlich (durch Aufnahme in den Haftbefehl oder besondere schriftliche Mitteilung) als auch mündlich erfolgen; im letzteren Falle ist aktenkundig zu machen, daß der Hinweis stattgefunden hat.

9. Die Vorschrift zu Abs. 2 befand sich nicht im Entwurf; sie wurde von der Kommission hinzugefügt. S. Anm. 1.

10. Das Reichsmilitärgericht, das in der Besetzung von vier richterlichen und drei militärischen Mitgliedern erkennt, entscheidet nach freier Überzeugung.

11. a) Darüber, ob die Beschwerde, bevor über sie entschieden wird, vom Reichsmilitärgericht dem Inhaber der vollziehenden Gewalt, sofern dieser von ihrem Inhalt noch keine Kenntnis hat, zur Abgabe einer Gegenerklärung vorzulegen ist, enthält das Gesetz keine Bestimmung. Eine diesbezügliche Verpflichtung besteht keinesfalls. Das Reichsmilitärgericht befindet selbständig darüber, ob vor Erlassung

der Entscheidung Anhörung des Inhabers der vollziehenden Gewalt notwendig oder zweckmäßig ist.

b) Auch darüber, ob die Entscheidung auf Grund der bereits vorliegenden Tatsachen und Beweise zu treffen ist oder ob noch weitere Aufklärung des Sachverhalts erfolgen soll, entscheidet das Reichsmilitärgericht nach freiem Ermessen. Das Gericht ist namentlich auch befugt, Beweiserhebungen, insbesondere auch eidliche Vernehmungen anzuordnen und diese einem beauftragten oder ersuchten Richter zu übertragen.

Unter dem „beauftragten" Richter ist ein dem Reichsmilitärgericht selbst angehöriges Mitglied zu verstehen, das statt des mit der Sache befaßten Gerichtes und in dessen Auftrage die Vernehmung vornimmt. „Ersuchter" Richter ist ein dem Reichsmilitärgericht nicht angehöriger, anderer Richter, der diesem Gerichte Rechtshilfe leisten und an dessen Stelle die Vernehmung vornehmen soll. Die Beauftragung sowie das Ersuchen können nur durch Beschluß des Reichsmilitärgerichts (in der Besetzung von vier richterlichen und drei militärischen Mitgliedern, § 3), nicht durch bloße Verfügung des Vorsitzenden angeordnet werden. Das Gesetz sagt: „Es (nämlich das Reichsmilitärgericht) kann vornehmen lassen." Beauftragt werden kann sowohl ein juristisches wie ein militärisches Mitglied. Das Ersuchen kann sowohl an einen bürgerlichen (Zivil-) Richter, wie an einen Militärrichter (Kriegsgerichtsrat, Oberkriegsgerichtsrat) gerichtet werden. Dem Ersuchen muß der Regel nach Folge gegeben werden. Die Bestimmungen der §§ 157 ff. des Gerichtsverfassungsgesetzes und der §§ 11, 12 des Einführungsgesetzes zur Militärstrafgerichtsordnung finden entsprechende Anwendung. Insoweit die bürgerlichen Gerichte angegangen werden, ist nach der zuletzt erwähnten Bestimmung das Ersuchen an dasjenige Amtsgericht zu wenden, in dessen Bezirke die Amtshandlung vorgenommen werden soll (in dessen Bezirk sich der Verhaftete befindet). Das Gesuch darf nur abgelehnt werden, wenn dem ersuchten Gerichte die örtliche Zuständigkeit mangelt (oder die vorzunehmende Handlung nach dem Rechte des ersuchten Gerichtes verboten ist). Beschwerden über Ablehnung des Gesuches sind an das Oberlandesgericht, zu dessen Bezirke das ersuchte Gericht gehört, in letzter Instanz an das Reichsgericht zu richten. Kosten der Rechtshilfe werden von der ersuchenden Behörde nicht erstattet. Befindet sich an dem Orte, wo die Vernehmung erfolgen soll, ein Militärgericht, so ist das Ersuchen regelmäßig an dieses zu richten.

Auch ist eine mündliche Verhandlung nicht ausgeschlossen, und zwar unterscheidet das Gesetz zwei Fälle. Eine mündliche Verhandlung muß stattfinden, wenn der Verhaftete sie beantragt. Außer diesem Falle kann das Reichsmilitärgericht nach Belieben auch sonst eine mündliche Verhandlung anordnen.

c) Einen gesetzlichen Anspruch auf Ladung zu der mündlichen Verhandlung und auf persönliche Anwesenheit in ihr hat weder der Verhaftete noch sein Verteidiger oder gesetzlicher Vertreter oder der als Beistand zugelassene Ehemann einer Verhafteten. Das Reichsmilitärgericht kann aber den Verhafteten durch einen beauftragten oder ersuchten Richter vernehmen lassen. Zweifelhaft kann es nach dieser letzteren gesetzlichen Bestimmung sein, ob das Gericht auch die persönliche Anwesenheit des Verhafteten in der mündlichen Verhandlung anordnen oder auf Antrag zulassen kann. Mangels einer entgegenstehenden Bestimmung wird dies zu bejahen sein. Ebenso kann das Reichsmilitärgericht den Verteidiger des Verhafteten oder dessen gesetzlichen Vertreter oder den Ehemann einer Verhafteten als Beistand (§ 10) zur mündlichen Verhandlung zulassen.

12. a) Erachtet das Reichsmilitärgericht die Beschwerde für begründet, so hat es in der Sache selbst zu entscheiden, d. h. es weist nicht etwa den Inhaber der vollziehenden Gewalt an, den Haftbefehl wieder aufzuheben, sondern hebt selbst den Haftbefehl auf. Ist die Beschwerde nicht begründet so weist das Gericht sie als unbegründet zurück.

b) Darüber, in welchen Fällen die Aufhebung des Haftbefehles, auch wenn eine Beschwerde nicht vorliegt, erfolgen muß, s. § 5.

c) Über die Zuerkennung eines Entschädigungsanspruches seitens des Reichsmilitärgerichts s. § 13.

13. Neben dem Rechtsmittel der Beschwerde geht her die Aufsichtsbeschwerde. Sie beruht auf dem Gesetz über den Kriegszustand vom 4. Dezember 1916, zu dem dann durch Kaiserliche Verordnung vom gleichen Tage nähere Anordnungen über Zulässigkeit, Behandlung und Wirkung der Beschwerde ergangen sind.

a) Das Gesetz lautet (RGBl. 1916 Nr. 275, S. 1331):

Gesetz über den Kriegszustand. Vom 4. Dezember 1916.

Wir Wilhelm, von Gottes Gnaden Deutscher Kaiser König von Preußen usw.

verordnen im Namen des Reichs, nach erfolgter Zustimmung des Bundesrats und des Reichstags, was folgt:

Einziger Artikel.

Bis zum Erlaß des in Artikel 68 der Reichsverfassung angekündigten Gesetzes über den Kriegszustand wird gegenüber den Anordnungen der Militärbefehlshaber eine militärische Zentralinstanz als Aufsichtsstelle und Beschwerdestelle errichtet.

Die näheren Anordnungen ergehen durch Kaiserliche Verordnung.

Vorstehende Bestimmung findet auf das Königreich Bayern keine Anwendung.

Urkundlich unter Unserer Höchsteigenhändigen Unterschrift und beigedrucktem Kaiserlichen Insiegel.

Gegeben Großes Hauptquartier, den 4. Dezember 1916.

(Siegel.) Wilhelm.

Dr. Helfferich.

§ 3.

Die zu dem Gesetz ergangene Kaiserliche Verordnung bestimmt (RGBl. 1916 Nr. 275, S. 1332):

Verordnung zur Ausführung des Gesetzes über den Kriegszustand. Vom 4. Dezember 1916.

Wir Wilhelm, von Gottes Gnaden Deutscher Kaiser, König von Preußen usw.

verordnen auf Grund des Gesetzes über den Kriegszustand vom 4. Dezember 1916 (RGBl. S. 1331) im Namen des Reichs, was folgt:

§ 1.

Aufsichts- und Beschwerdestelle gegenüber den Anordnungen, die die Militärbefehlshaber auf Grund des in der Verordnung vom 31. Juli 1914 (RGBl. S. 263) erklärten Kriegszustandes treffen, ist ein Obermilitärbefehlshaber mit dem Sitze in Berlin.

§ 2.

Für die Beschwerden an den Obermilitärbefehlshaber gilt folgendes:

1. Die Beschwerde ist zulässig gegen Verfügungen, die im Einzelfall zum Gegenstand haben:

a) Beschränkungen der persönlichen Freiheit, soweit nicht das Gesetz, betreffend die Verhaftung und Aufenthaltsbeschränkung auf Grund des Kriegszustandes und des Belagerungszustandes vom 4. Dezember 1916, Anwendung findet;

b) Zensurmaßnahmen gegenüber der Presse sowie gegenüber den Theatern, Lichtspieltheatern und anderen Schaustellungen;

c) Beschränkungen der Vereins- und Versammlungsfreiheit.

2. Das Beschwerderecht steht dem zu, gegen den die Verfügung des Militärbefehlshabers gerichtet ist.

3. Die Beschwerde wird bei dem Militärbefehlshaber eingelegt, der die Verfügung getroffen hat.

Erachtet er die Beschwerde für begründet, so hat er ihr abzuhelfen, andernfalls sie sofort dem Obermilitärbefehlshaber vorzulegen.

4. Die Beschwerde hat keine aufschiebende Wirkung, jedoch kann der Vollzug der angefochtenen Verfügung sowohl vom Militärbefehlshaber als auch vom Obermilitärbefehlshaber ausgesetzt werden.

5. Erachtet der Obermilitärbefehlshaber die Beschwerde für begründet, so kann er die erforderliche Verfügung selbst treffen oder dem Militärbefehlshaber übertragen.

Urkundlich unter Unserer Höchsteigenhändigen Unterschrift und beigedrucktem Kaiserlichen Insiegel.

Gegeben Großes Hauptquartier, den 4. Dezember 1916.

Wilhelm.

Dr. Helfferich.

Durch Allerhöchste Kabinettsorder vom 8. Dezember 1916 ist zum Obermilitärbefehlshaber gemäß § 1 der vorstehenden Verordnung der derzeitige preußische Kriegsminister ernannt worden. (Erlaß des preußischen Kriegsministeriums Nr. 565/12 16 A vom 10. Dezember 1916, Armeeverordnungsblatt 1916, Nr. 57, S. 538).

b) Hierzu ist noch zu bemerken:

Von den in § 2 unter 1a der Kaiserlichen Verordnung erwähnten „Beschränkungen der persönlichen Freiheit", die an sich der verschiedensten Art sein können (Verhaftungen, Aufenthaltsbeschränkungen, Ausweisungen, Auferlegung der Verpflichtung zu persönlichen Meldungen bei der Polizeibehörde, Verpflichtung, von einer bestimmten Zeit an die Wohnung nicht mehr zu verlassen, Verbot des Betretens bestimmter Orte usw.), kommen hier nur die Verhaftungen und Aufenthaltsbeschränkungen in Betracht. Die Fassung der Verordnung „soweit nicht das Gesetz betreffend die Verhaftung und Aufenthaltsbeschränkung auf Grund des Kriegszustandes und des Belagerungszustandes vom 4. Dezember 1916 Anwendung findet", schließt nicht aus, daß in allen Fällen der Verhaftung anstatt des Rechtsmittels der Beschwerde an das Reichsmilitärgericht von vornherein die Aufsichtsbeschwerde an den Obermilitärbefehlshaber (preußischen Kriegsminister) in Berlin eingelegt wird. Anzubringen ist die Beschwerde gemäß § 2 Ziff. 2 bei demjenigen Militärbefehlshaber, der die Verhaftung angeordnet hat. An eine Frist ist die Aufsichtsbeschwerde nicht gebunden, sie kann vielmehr jederzeit erhoben werden. Auch über Form und Inhalt bestehen keine näheren gesetzlichen Vorschriften.

14. Gemäß § 11 finden die Bestimmungen des § 3 auf die Aufenthaltsbeschränkungen entsprechende Anwendung. Näheres s. § 11.

Richterliche Vernehmung des Verhafteten.

§ 4.

Der Verhaftete muß spätestens am Tage nach seiner Verhaftung durch einen Richter darüber vernommen werden, ob und welche Einwendungen er gegen seine Verhaftung zu erheben hat.

1. Die Vorschrift, dem § 115 der Strafprozeßordnung und § 177 der Militärstrafgerichtsordnung nachgebildet, war im Entwurf § 5 und lautete dort folgendermaßen (Druckf. Nr. 431):

„Der Verhaftete muß spätestens am Tage nach seiner Verhaftung durch den Amtsrichter des Bezirks, in welchem die Verhaftung erfolgt ist, darüber vernommen werden, ob und welche Einwendungen er gegen seine Verhaftung zu erheben hat."

Von der Kommission wurden die Worte „durch den Amtsrichter des Bezirks, in welchem die Verhaftung erfolgt ist", gestrichen und an deren Stelle die Worte „durch einen Richter" gesetzt (Drucks. Nr. 496). Diese Fassung wurde vom Reichstag in allen drei Beratungen unverändert angenommen. StenBer. S. 2181 C, S. 2082 C, S. 2083 A.

2. a) Die richterliche Vernehmung des Verhafteten spätestens am Tage nach seiner Verhaftung ist vom Gesetze als notwendige Maßregel vorgeschrieben; sie „muß" erfolgen, und zwar auch dann, wenn der Verhaftete schon vor der Verhaftung über die Tatsachen, die der Verhaftung zugrunde liegen, vernommen worden ist.

b) Wenn das Gesetz sagt: „spätestens" am Tage nach der Verhaftung, so ist damit zunächst zum Ausdrucke gebracht, daß die Vernehmung der Regel nach noch früher, sofort, unverzüglich (s. § 2 Anm. 2b) vorzunehmen ist. Keinesfalls aber darf sie später als am nächsten, der Verhaftung folgenden Tage erfolgen, und zwar muß sie auch dann an diesem Tage stattfinden, wenn er ein Sonntag oder allgemeiner Feiertag ist. (Welche Feiertage als allgemeine anzusehen sind, richtet sich mangels reichsgesetzlicher Regelung nach dem betreffenden Landesrecht.) Maßgebend für die Berechnung ist der Tag der Vollstreckung des Haftbefehls, nicht etwa der Tag der Vorführung oder vorläufigen Festnahme zum Zwecke der Anordnung der Haft (vgl. § 2 Anm. 2b).

3. Die Vernehmung muß erfolgen „durch einen Richter". Daß dieses der Richter desjenigen Bezirkes sei, in welchem die Verhaftung erfolgte, ist zunächst nicht erforderlich. Die im Entwurf enthaltene diesbezügliche Vorschrift ist in das Gesetz nicht aufgenommen. S. Anm. 1. Vgl. auch § 8, wo ausdrücklich die Rede ist vom „Amtsrichter, in dessen Bezirk die Verhaftung erfolgt ist oder der Verhaftete sich befindet". Auch braucht es nicht unbedingt der „nächste" Richter, d. i. derjenige zu sein, dessen Amtssitz am schnellsten zu erreichen ist. Zuständig zur Vernehmung ist an ich jeder Richter; das Gesetz sagt allgemein „ein Richter". Unerläßliche Voraussetzung ist aber, daß der Vernehmende gemäß

§§ 2ff. des Gerichtsverfassungsgesetzes die Fähigkeit zum Richteramt erlangt hat. Vernehmung durch andere Rechtskundige, denen diese Fähigkeit mangelt, die nur die erste Prüfung im Justizdienste bestanden haben (Referendare, Rechtspraktikanten), ist nicht zulässig, auch wenn diese im Justizdienste seit mehr als zwei Jahren beschäftigt sind (§ 139 StPO.). Dagegen ist nicht erforderlich, daß der Vernehmende als Richter ständig angestellt sei; die Vernehmung kann auch durch Hilfsrichter (besoldete wie unbesoldete) erfolgen. Ein Unterschied zwischen bürgerlichen und Militärrichtern ist nicht zu machen. Beide sind in gleicher Weise zuständig.

4. a) Zweck der Vernehmung ist, dem Verhafteten Gelegenheit zu geben, „die der Verhaftung zugrunde gelegten Tatsachen" (§ 2) zu entkräften und „Einwendungen" zu erheben, die geeignet sind, die Aufhebung des Haftbefehles herbeizuführen. Diese „Einwendungen" können der verschiedensten Natur sein, sie können den objektiven und subjektiven Tatbestand, die Schuld usw., kurz alles Mögliche betreffen. Ohne Zweifel kann der Verhaftete auch Zeugen, Sachverständige und andere Beweise seiner Schuldlosigkeit benennen. Ausführung des Berichterstatters der Kommission bei der ersten Beratung des Entwurfs im Reichstag, StenBer. S. 2080 B.

b) Über die Befugnis des Richters zur Aufhebung des Haftbefehles s. § 5.

5. Gemäß § 8 ist der Verhaftete bei seiner Vernehmung auch darüber zu belehren, daß er das Recht hat, nach zweiwöchiger Dauer der Haft die Bestellung eines Verteidigers zu beantragen und daß dann die Bestellung erfolgen muß. Näheres s. § 8.

6. Die Sorge für die rechtzeitige Vernehmung des Verhafteten gemäß § 4 liegt dem Inhaber der vollziehenden Gewalt ob, der die Haft auf Grund des § 1 angeordnet und den Haftbefehl erlassen hat. Beschwerden über Ver-

zögerung der Vernehmung sind, je nachdem die Verzögerung auf den Inhaber der vollziehenden Gewalt oder den mit der Vernehmung betrauten Richter zurückzuführen ist, im ersteren Falle gemäß § 2 Ziff. 1a der Allerhöchsten Verordnung zum Gesetz über den Kriegszustand vom 4. Dezember 1916 an den Obermilitärbefehlshaber (preußischen Kriegsminister) zu richten, (Näheres s. § 3 Anm. 13a), sonst an die Aufsichtsbehörde über den betreffenden Richter.

7. Nach der Vorschrift des § 11 finden die Bestimmungen des § 4 auf die Aufenthaltsbeschränkungen entsprechende Anwendung.

Aufhebung des Haftbefehls.
Neuanordnung der Haft.

§ 5.

Der Haftbefehl ist aufzuheben, wenn sein Grund oder Zweck hinfällig geworden oder der Kriegs- oder Belagerungszustand aufgehoben ist, oder wenn drei Monate nach dem Tage der Verhaftung verflossen sind.

Die Fortdauer der Haft nach Ablauf von je drei Monaten kann nur auf Grund einer erneuten Sachprüfung und eines neuen Haftbefehls angeordnet werden. Überdies muß, auch wenn eine Beschwerde nicht eingelegt ist, eine Entscheidung des Reichsmilitärgerichts (§ 3) über die Fortdauer der Haft herbeigeführt werden.

1. Die Vorschrift lautete in dem Entwurfe (§ 6) folgendermaßen (Drucks. Nr. 431):

„Der Haftbefehl ist aufzuheben, wenn der in demselben genannte Grund oder der damit zu erreichende Zweck hinfällig geworden oder der Kriegszustand aufgehoben ist oder wenn sechs Monate nach dem Tage der Verhaftung verflossen sind."

Der zweite Absatz fehlte im Entwurf. Die jetzige Fassung beruht auf dem Beschlusse der Kommission (Drucks. Nr. 496), sie wurde vom Reichstag in allen drei Beratungen unverändert angenommen. StenBer. S. 2081 C, S. 2082 C, S. 2083 A.

2. Der § 5 gebietet bei Wegfall des Grundes oder Zweckes der Verhaftung, bei Aufhebung des Kriegs- oder Belagerungszustandes und ohne weiteres schon bei Ablauf von drei Monaten die Aufhebung der Haft. Letztere kann nach Ablauf von je drei Monaten nur fortdauern, wenn sie auf Grund einer erneuten Sachprüfung und eines neuen Haftbefehles angeordnet wird. Diesen einer willkürlichen Fortdauer der Haft entgegentretenden Vorschriften reiht sich die weitere Vorschrift an, daß außerdem, auch wenn eine Beschwerde hinsichtlich der Anordnung oder Aufrechterhaltung der Haft nicht eingelegt ist, eine Entscheidung des Reichsmilitärgerichts (in der durch § 3 vorgeschriebenen Besetzung) über die Fortdauer der Haft nach Ablauf von je drei Monaten herbeizuführen ist. Ausführungen des Berichterstatters der Kommission bei der ersten Beratung des Entwurfs im Reichstage, StenBer. S. 2080 B.

3. a) Wenn das Gesetz sagt, der Haftbefehl „ist aufzuheben", so besteht die darin ausgesprochene Verpflichtung, sofern einer der angeführten Aufhebungsgründe vorliegt, ebenso für den Inhaber der vollziehenden Gewalt, der die Haft angeordnet und den Haftbefehl erlassen hat (§§ 1 und 2), wie für den durch die Vernehmung des Verhafteten mit der Sache befaßten Richter (§ 4), als auch im Falle der Beschwerde (§ 3) für das Reichsmilitärgericht.

Mit der Aufhebung des Haftbefehls ist von selbst gegeben die sich unmittelbar anschließende Freilassung des Verhafteten.

b) Die Aufhebung des Haftbefehls muß nach dem Willen des Gesetzgebers in drei Fällen erfolgen:

1. wenn sein Grund oder Zweck hinfällig geworden,

2. wenn der Kriegs- oder Belagerungszustand aufgehoben ist,

3. wenn drei Monate nach dem Tage der Verhaftung verflossen sind.

Hierzu ist folgendes zu bemerken:

4. Zu 1. a) Unter dem Grunde des Haftbefehles sind zu verstehen „die der Verhaftung zugrunde liegenden Tatsachen" (§ 2). Der Grund ist „hinfällig" geworden, wenn sich diese „Tatsachen" (s. § 2 Anm. 4b) als unwahr oder als solche erwiesen haben, die an sich nicht geeignet sind, die erste Voraussetzung für die Zulässigkeit der Anordnung der Haft, nämlich die Notwendigkeit der Haft „zur Abwendung einer Gefahr für die Sicherheit des Reiches" zu begründen.

Es fragt sich, ob der Haftbefehl auch dann aufgehoben werden muß, wenn sich zwar die darin angegebenen Tatsachen als hinfällig erwiesen, gleichzeitig sich aber neue — d. h. nach Erlaß des Haftbefehles neu entstandene, oder zwar schon früher entstandene, aber erst nach Erlaß des Haftbefehles neu bekannt gewordene oder aus sonstigen Gründen bisher nicht berücksichtigte — Tatsachen ergeben haben, die den Erlaß eines Haftbefehles gemäß § 1 rechtfertigen. Das Gesetz bestimmt darüber nichts. Man wird sich dafür entscheiden müssen, daß in einem solchen Falle der Haftbefehl aufzuheben, der Verhaftete freizulassen und ein neuer Haftbefehl zu erlassen ist. Der Verhaftete hat nach § 2 einen Anspruch darauf, daß die der Verhaftung zugrunde liegenden Tatsachen im Haftbefehle angegeben und ihm förmlich bekanntgegeben werden, damit er imstande ist, die Gründe seiner Verhaftung zu widerlegen und sich darüber schlüssig zu werden, ob er von neuem Beschwerde einlegen will. Der neue Haftbefehl ist natürlich wiederum zu erlassen von dem nach § 1 zur Anordnung der Haft allein zuständigen Inhaber der vollziehenden

Gewalt. Der vernehmende Richter ist dazu nicht befugt. Auch muß der neue Haftbefehl wiederum den im § 2 aufgestellten Erfordernissen entsprechen: er ist schriftlich zu erlassen, muß die der Verhaftung zugrunde liegenden alten oder neuen Tatsachen enthalten und ist dem Verhafteten von neuem entweder gleich bei der Wiederverhaftung oder, falls dies nicht möglich ist, unverzüglich nach ihr (s. § 2 Anm. 2b) bekannt zu geben. Ebenso finden die Vorschriften der §§ 3, 4, 8 des Gesetzes (Beschwerderecht des Verhafteten, Notwendigkeit seiner richterlichen Vernehmung und der Belehrung über sein Recht, die Bestellung eines Verteidigers zu beantragen — falls er nicht schon einen hat —), von neuem Anwendung.

Ergibt sich bei der Vernehmung dringender Verdacht einer strafbaren Handlung und liegen auch sonst die Voraussetzungen der §§ 112ff. StPO. zur Anordnung der Untersuchungshaft vor, so ist unter Umständen der vernehmende Richter gemäß § 125 a. a. O. berechtigt, sofort einen Haftbefehl zu erlassen und den Verhafteten in Untersuchungshaft zu nehmen. Gegen diesen Haftbefehl steht dann dem Verhafteten gemäß § 114 StPO. die Beschwerde zu. Dem Inhaber der vollziehenden Gewalt ist vom Erlaß dieses Haftbefehls unverzüglich Kenntnis zu geben.

b) Der Zweck des Haftbefehls ist hinfällig geworden, wenn es der Anordnung der Haft nicht mehr bedarf zur Abwendung einer Gefahr für die Sicherheit des Reichs, d. h. wenn eine Gefahr für die Sicherheit des Reiches, sei es überhaupt oder doch in der Person des Verhafteten nicht mehr besteht.

5. Zu 2. Mit der Aufhebung des Kriegs- oder Belagerungszustandes findet die auf Grund des § 1 angeordnete Haft unter allen Umständen ihr Ende.

Die Aufhebung des reichsrechtlichen Kriegszustandes erfolgt durch Kaiserliche Verordnung, die im Reichsgesetzblatt zu veröffentlichen ist. Maßgebend für den Zeitpunkt der Aufhebung des Haftbefehles infolge Aufhebung des Kriegs- oder Belagerungszustandes ist die Veröffentlichung dieser Aufhebung des Kriegs- oder Belagerungszustandes. Erst mit dieser Veröffentlichung wird die Aufhebung rechtswirksam. Der landesrechtliche Belagerungszustand wird durch einfache Anordnung des Militärbefehlshabers oder Beschluß des Staatsministeriums aufgehoben, die bekannt zu machen ist und dadurch rechtswirksam wird. In Bayern erfolgt die Aufhebung des Kriegszustandes durch Königliche Verordnung. Hier tritt mit der Veröffentlichung der Aufhebung im Gesetz- und Verordnungsblatt der Kriegszustand außer Kraft. Näheres hierzu s. § 1 Anm. 6d.

6. Zu 3. Endlich muß der Haftbefehl unter allen Umständen, auch wenn die Gründe für seinen Erlaß fortbestehen, aufgehoben werden, wenn nach dem Tage der Verhaftung drei Monate verflossen sind. Länger als drei Monate darf daher ein Verhafteter auf Grund eines und desselben Haftbefehls niemals in Haft behalten werden. Die drei Monate sind zu berechnen nach dem Tage der Vollstreckung des schriftlichen Haftbefehles, das ist die „Verhaftung" (s. § 2 Anm. 2), nicht schon nach dem Tage der vorläufigen Festnahme oder Vorführung zum Zwecke des Erlasses des Haftbefehls. Das Gesetz will aber nicht sagen, daß ein Deutscher unter den Voraussetzungen des § 1 überhaupt und unter allen Umständen nur drei Monate in Haft behalten werden darf, vielmehr kann die Haft auch länger dauern, doch ist diese Fortdauer der Haft über drei Monate hinaus in Abs. 2 von der Erfüllung genau bestimmter Bedingungen abhängig gemacht.

7. Zu Abs. 2. a) Die Bestimmung über die Verlängerung der Haft nach drei Monaten ist erst von der Kommission eingefügt worden (s. Anm. 1). Länger als drei Monate darf, wie schon bemerkt (Anm. 6), die Haft auf Grund desselben Haftbefehles niemals dauern. Soll sie länger dauern, so muß

sie von neuem angeordnet werden. Die Neuanordnung kann wiederholt erfolgen nach dem jedesmaligen Ablauf von drei Monaten, so lange der Kriegs- und Belagerungszustand noch besteht und so lange während dieser Zeit die Haft zur Abwendung einer Gefahr für die Sicherheit des Reiches erforderlich ist. Nach Aufhebung des Kriegszustandes ist jede Verlängerung der Haft unbedingt ausgeschlossen (s. auch Anm. 5). Zur Neuanordnung der Haft nach Ablauf der drei Monate bedarf es aber zunächst 1. einer erneuten Sachprüfung und 2. eines neuen Haftbefehls. Außerdem aber muß in allen Fällen gleichzeitig unabhängig davon, ob gegen den neuen Haftbefehl Beschwerde gemäß § 3 eingelegt worden ist oder nicht, sofort nach Anordnung der Fortdauer der Haft eine Entscheidung des Reichsmilitärgerichts darüber herbeigeführt werden, ob die Fortdauer der Haft erforderlich ist.

b) Das Gesetz verlangt „erneute Sachprüfung". Die „Sachprüfung" hat sich darauf zu erstrecken, 1. ob die Anordnung der Haft erforderlich ist zur Abwendung einer Gefahr für die Sicherheit des Reiches; 2. ob Tatsachen vorliegen, die den Erlaß des Haftbefehles hinreichend begründen. Wenn das Gesetz erneute Sachprüfung fordert, so soll damit keineswegs gesagt sein, daß für die Fortdauer der Haft neue Tatsachen vorliegen oder angegeben werden müssen. Es soll nur von neuem geprüft werden, ob überhaupt noch solche Tatsachen vorliegen, die die Anordnung der Haft zur Abwendung einer Gefahr für die Sicherheit des Reiches rechtfertigen. Wenn die Tatsachen, die früher den Erlaß des Haftbefehles rechtfertigten, fortbestehen, sind ohne weiteres auch die Anordnung der Fortdauer der Haft und der Erlaß eines neuen Haftbefehls zulässig, ohne daß es des Hinzukommens neuer Tatsachen bedarf.

c) Auf den neuen Haftbefehl finden die Vorschriften der §§ 1 bis 4 des Gesetzes in vollem

Umfang Anwendung; er ist nur zulässig, wenn die Haft zur Abwendung einer Gefahr für die Sicherheit erforderlich ist (§ 1); er ist schriftlich zu erlassen; es sind darin die der Verhaftung zugrunde liegenden Tatsachen, auch wenn es dieselben sind wie früher, von neuem anzugeben; der Haftbefehl ist dem Verhafteten bei der Verhaftung und, falls dies nicht möglich ist, unverzüglich nach der Verhaftung bekannt zu geben, auch ist ihm auf Verlangen von neuem eine Abschrift zu erteilen (§ 2). Auch gegen den neuen Haftbefehl steht dem Verhafteten jederzeit das Rechtsmittel der Beschwerde an das Reichsmilitärgericht zu und er ist hierüber bei Bekanntgabe des neuen Haftbefehls von neuem zu belehren (§ 3); endlich muß der Verhaftete gemäß § 4 von neuem durch einen Richter vernommen, dabei auch, sofern er noch keinen Verteidiger hat, nach § 8 über das Recht, nach zweiwöchiger Dauer der neuen Haft die Bestellung eines solchen zu verlangen, belehrt werden.

d) Was die Entscheidung des Reichsmilitärgerichts über die Notwendigkeit der Fortdauer der Haft anlangt, so soll durch die Einschaltung des § 3 darauf hingewiesen werden, daß sowohl die Vorschriften über die Besetzung bei der Entscheidung (vier richterliche und drei militärische Mitglieder), als auch die Bestimmungen über die Befugnis und Verpflichtung dieses Gerichts zur Anordnung einer mündlichen Verhandlung und über das Recht, den Verhafteten durch einen beauftragten oder ersuchten Richter vernehmen zu lassen, Anwendung finden.

e) Über die Zuerkennung eines Entschädigungsanspruches seitens des Reichsmilitärgerichts im Falle der Aufhebung der Haft s. § 13.

8. Gemäß § 11 finden die Bestimmungen des § 5 auf die Aufenthaltsbeschränkungen entsprechende Anwendung. S. § 11.

Vollstreckung der Haft.

§ 6.

Auf die Vollstreckung der Haft finden die Vorschriften des § 116 der Strafprozeßordnung entsprechende Anwendung.

1. In der ursprünglichen Vorlage (§ 7) lautete die Bestimmung folgendermaßen:

„In bezug auf die Vollstreckung der Haft finden die Vorschriften des § 116 Abs. 1 bis 3 und 5 StPO. sinngemäße Anwendung."

Drucks. Nr. 431 d. Reichst., 13. Legisl.-Per., II. Sess. 1914/16. Die jetzige Fassung beruht auf den Beschlüssen der Kommission zur Vorberatung des Entwurfs. Drucks. Nr. 496 d. Reichst., StenBer. d. Verh. d. Reichst., 13. Legisl.-Per., II. Sess. 1914/16, S. 2081 C, S. 2082 C, S. 2083 A.

2. a) Wenn es heißt, daß auf die Vollstreckung der Haft die Vorschriften des § 116 Strafprozeßordnung „entsprechende", d. h. sinngemäße Anwendung finden, so soll damit gesagt werden, daß diese Vorschriften auf die nach dem neuen Gesetz zulässige Haft insoweit anzuwenden sind, als hier die für die Anwendung erforderlichen Voraussetzungen gegeben sind. „Entsprechend" ist nach dem feststehenden Sinne dieses Wortes eine Anwendung von Rechtssätzen dann, wenn sie juristisch gleichliegende Tatbestände demselben Rechtssatz unterwirft. Beling, Zeitschrift für Strafrechtswissenschaft, Bd. 24, S. 248.

b) Der in Bezug genommene § 116 StPO. bestimmt:

„Der Verhaftete soll, soweit möglich, von anderen gesondert und nicht in demselben Raume mit Strafgefangenen verwahrt werden. Mit seiner Zustimmung kann von dieser Vorschrift abgesehen werden.

Dem Verhafteten dürfen nur solche Beschränkungen auferlegt werden, welche zur Sicherung des Zweckes der

Haft oder zur Aufrechterhaltung der Ordnung im Gefängnisse notwendig sind.

Bequemlichkeiten und Beschäftigungen, die dem Stande und den Vermögensverhältnissen des Verhafteten entsprechen, darf er sich auf seine Kosten verschaffen, soweit sie mit dem Zwecke der Haft vereinbar sind und weder die Ordnung im Gefängnisse stören, noch die Sicherheit gefährden.

Fesseln dürfen im Gefängnisse dem Verhafteten nur dann angelegt werden, wenn es wegen besonderer Gefährlichkeit seiner Person, namentlich zur Sicherung anderer erforderlich erscheint, oder wenn er einen Selbstentleibungs- oder Entweichungsversuch gemacht oder vorbereitet hat. Bei der Hauptverhandlung soll er ungefesselt sein.

Die nach Maßgabe vorstehender Bestimmungen erforderlichen Verfügungen hat der Richter zu treffen. Die in dringenden Fällen von anderen Beamten getroffenen Anordnungen unterliegen der Genehmigung des Richters."

(Die dieser Vorschrift entsprechende Bestimmung in § 178 der Militärstrafgerichtsordnung lautet im wesentlichen gleichmäßig.)

Hierzu führte der Berichterstatter der Kommission, Abgeordneter Dr. Rießer, bei der ersten Beratung des vom Ausschusse beantragten Entwurfes folgendes aus (StenBer. S. 2080 B, C):

„Eine besonders wichtige Bestimmung trifft der § 6, indem er für die Vollstreckung der Haft, bei der es heute an jeder besonderen — wenigstens jeder gesetzlichen — Regel fehlt, was besonders bedauerliche und widerwärtige Folgen gezeitigt hat, den § 116 StPO. entsprechend für anwendbar erklärt. Damit ist für die Folge namentlich festgestellt, daß der Verhaftete ohne seine Zustimmung, soweit möglich, von anderen gesondert, nicht in demselben Raum mit anderen Gefangenen verwahrt werden darf, daß er ferner nur solche Beschränkungen seiner Freiheit erleiden soll, die zur Sicherung des Haftzweckes oder der Gefängnisordnung notwendig sind, und daß er sich endlich auf seine Kosten alle seinem Stande und Vermögen entsprechenden Bequemlichkeiten und Beschäftigungen verschaffen darf, soweit sie mit dem Haftzweck vereinbar sind und weder die Gefängnisordnung stören, noch die Sicherheit gefährden. Meine Herren, erwägt man, daß es sich hier nur um eine Sicherungshaft, nicht um eine Untersuchungshaft handelt, so ist damit außer Zweifel gestellt, daß ganz besonders in den Fällen der Sicherungshaft jede Art von Arbeitszwang, jede Verhinderung geistiger Beschäftigung oder angemessener Bewegung an der Luft des Anstaltshofs oder des gewohnten Wäschewechsels oder der eigenen Beschaffung angemessener Beköstigung ausgeschlossen sein müssen, soweit nicht die angedeuteten Beschränkungen des § 116 StPO. Abs. 2 und 3 vorliegen, die aber hier selten zutreffen werden. Ich habe ferner keinen Zweifel, daß nach dem Sinn und Geist der Vorschriften des § 116 StPO. ganz besonders in den Fällen bloßer Schutzhaft (Sicherungshaft) ein Anspruch des Verhafteten auch darauf anzuerkennen ist, daß er schon beim Transport nach dem Gefängnis und bei der Rückkehr aus demselben oder bei dem Übergang von dem einen Verwahrungsort zu einem anderen von anderen Verhafteten gesondert und in angemessenen, mit dem Zweck der Sicherheitshaft irgend zu vereinbarenden Formen nach dem Haftort und Haftraum gebracht werden muß. Meine Herren, es muß und es darf wohl erwartet werden, daß nach allen diesen Richtungen alsbald klare und strenge Instruktionen an die ausführenden Organe unverzüglich erteilt werden."

3. Im übrigen ist bezüglich der Anwendung des § 116 StPO. noch folgendes zu bemerken:

a) Zu Abs. 2. Zu den „Beschränkungen, die dem Verhafteten zur Sicherung des Zweckes der Haft" auferlegt werden dürfen, gehört besonders auch Beschränkung im schriftlichen und mündlichen Verkehr mit anderen Personen. Dieser kann sowohl zeitlich eingeschränkt, als namentlich auch einer Beaufsichtigung, der schriftliche Verkehr auch einer Durchsicht vor Absendung oder Empfang der Mitteilungen unterstellt werden. Die erforderlichen Anordnungen wird grundsätzlich der Inhaber der vollziehenden Gewalt, der die Haft angeordnet hat, zu treffen haben. Beschwerden gegen seine Anordnungen gehen gemäß dem Gesetz über den Kriegszustand vom 4. November 1916 und der dazu ergangenen Kaiserlichen Ausführungsverordnung §§ 1, 2 Ziff. 1a an den Obermilitärbefehlshaber, nicht an das Reichsmilitärgericht. Näheres s. § 3 Anm. 13. Mit dem Verteidiger darf der Verhaftete schriftlich und mündlich verkehren. Näheres s. § 9.

Bei Prüfung der Frage, ob Beschränkungen „zur Aufrechterhaltung der Ordnung im Gefängnisse" notwendig sind, kommen in erster Linie die Vorschriften der betreffenden Gefängnisordnungen oder Reglements der einzelnen Bundesstaaten in Betracht, wozu jedoch zu bemerken ist, daß diese keine Beschränkungen enthalten dürfen, die mit § 116 Abs. 2 im Widerspruch stehen; soweit sie es doch tun, sind sie gesetzwidrig und ungültig. Für Preußen s. §§ 36, 91 bis 95 der Gefängnisordnung für die Justizverwaltung vom 21. Dezember 1898 (Anl. z. JMBl. Nr. 47) und hinsichtlich derjenigen Verhafteten, die sich in den zum Ressort der Verwaltung des Innern gehörigen Gefängnissen befinden: Zirkularverfügung des Ministers des Innern vom 14. Oktober 1884, Nr. 9, 24 (MinBl. d. inn. Verw. S. 241). Löwe, StPO. § 116 Anm. 1.

b) Zu Abs. 3. Soweit es mit dem Zwecke der Haft (bloße Sicherung) vereinbar ist und weder die Ordnung im Gefängnisse stört noch die Sicherheit gefährdet, darf Lesen und

Beschäftigung mit schriftlichen Arbeiten dem Verhafteten nicht untersagt werden (wie dies in § 178 Abs. 3 der Militärstrafgerichtsordnung auch ausdrücklich bestimmt ist). S. auch Anm. 2b.

4. Hervorgehoben sei hier noch besonders, daß die Schutzvorschrift des § 6 an sich nur einem deutschen Verhafteten zugute kommt, da, wie bemerkt (§ 1 Anm. 2a), das ganze Gesetz nur auf Deutsche Anwendung findet. Ausländer können sich nicht darauf berufen.

5. Für den Fall der Anordnung einer bloßen Aufenthaltsbeschränkung sind die Vorschriften des § 116 StPO. gegenstandslos. Deshalb ist auch in § 11, wo die Bestimmungen des Gesetzes, die auf die Aufenthaltsbeschränkungen „entsprechende Anwendung" finden sollen, aufgezählt sind, § 6 nicht angeführt.

Recht der Zuziehung eines Verteidigers.

§ 7.

Der Verhaftete kann jederzeit einen Verteidiger zuziehen. Die Vorschriften der §§ 137 Abs. 2 und 138 der Strafprozeßordnung finden entsprechende Anwendung.

1. Die dem § 137 StPO. nachgebildete Bestimmung hatte im Entwurfe (§ 8) folgende Fassung (Drucks. Nr. 431):

„Der Verhaftete kann sich jederzeit der Unterstützung eines Verteidigers bedienen. Die Vorschriften der §§ 137 Abs. 2 und 138 StPO. kommen zur Anwendung."

Die jetzige Fassung beruht auf den Beschlüssen der Kommission (Drucks. Nr. 496); sie wurde vom Reichstag in allen drei Beratungen unverändert angenommen (StenBer. S. 2081 C, S. 2082 C, S. 2083 A).

2. Das Gesetz unterscheidet, wie auch die Strafprozeßordnung, zwischen dem vom Verhafteten selbst gewählten

Verteidiger (Wahlverteidiger, § 7) und dem ihm auf Antrag oder von Amts wegen bestellten Verteidiger (§ 8).

Der § 7 gibt dem Verhafteten das Recht, „jederzeit", d. h. während der ganzen Dauer der Haft, ohne an eine Frist gebunden zu sein, einen Verteidiger „zuzuziehen", d. h. selbständig zu wählen und sich seines Beistandes, seiner Unterstützung zu bedienen. Er kann den Verteidiger sowohl für die ganze Dauer der gegen ihn angeordneten Haft, als auch für eine einzelne Handlung des Verfahrens (eine einmalige Rücksprache mit ihm, für die Einlegung bloß der Beschwerde usw., Beiwohnung der Vernehmung oder mündlichen Verhandlung, §§ 3, 4) wählen. Dementsprechend kann er in der Wahl auch jederzeit nach Belieben wechseln.

Dagegen wird ihm ein Recht, gleichzeitig mehrere Verteidiger hinzuziehen, und ein Anspruch auf gleichzeitige Zulassung mehrerer der Regel nach nicht zugestanden werden können. Das Gesetz spricht nur von Zuziehung „eines" Verteidigers. Auch für die Strafprozeßordnung, wo sich die gleiche Bestimmung befindet (§ 137: „Der Beschuldigte kann sich in jeder Lage des Verfahrens des Beistandes eines Verteidigers bedienen"), wird angenommen, daß, abgesehen von der Hauptverhandlung, für die das Gesetz in § 226 die gleichzeitige Zulassung mehrerer Verteidiger ausdrücklich vorgesehen hat, eine Verpflichtung zur gleichzeitigen Zulassung einer Mehrzahl von Verteidigern nicht besteht. Vgl. Loewe, StPO. § 137 Anm. 2. Bei der Übereinstimmung des Wortlautes und Zweckes beider Vorschriften liegt kein Grund vor, die des neuen Gesetzes anders auszulegen als die der Strafprozeßordnung. Wegen der Ausnahmen s. Anm. 3c, § 8 Anm. 4a.

3. a) Außer dem Verhafteten selbst ist auch sein gesetzlicher Vertreter zur Wahl eines Verteidigers berechtigt. Das Gesetz bestimmt, daß „die Vorschrift des § 137 Abs. 2 StPO. entsprechende Anwendung findet". Diese Vorschrift lautet:

„Hat der Beschuldigte einen gesetzlichen Vertreter, so kann auch dieser selbständig einen Verteidiger wählen."

b) Der Begriff des „gesetzlichen Vertreters" ist im Gesetze selbst nicht bestimmt; maßgebend sind in dieser Beziehung die Vorschriften des BGB. §§ 1627ff. In Betracht kommen insbesondere:

1. für die Frage, inwieweit der eheliche Vater gesetzlicher Vertreter ist, die §§ 1627, 1630, 1634, 1635, 1676—1680.

§ 1627: „Der Vater hat kraft der väterlichen Gewalt das Recht und die Pflicht, für die Person und das Vermögen des Kindes zu sorgen."

§ 1630: „Die Sorge für die Person und das Vermögen umfaßt die Vertretung des Kindes.

Die Vertretung steht dem Vater insoweit nicht zu, als nach § 1795 ein Vormund von der Vertretung des Mündels ausgeschlossen ist. Das Vormundschaftsgericht kann dem Vater nach § 1796 die Vertretung entziehen."

2. für die Frage, inwieweit die eheliche Mutter gesetzlich zur Vertretung des Kindes berechtigt ist, die §§ 1634, 1684—1686, 1696, 1697.

§ 1634: „Neben dem Vater hat während der Dauer der Ehe die Mutter das Recht und die Pflicht, für die Person des Kindes zu sorgen; zur Vertretung des Kindes ist sie nicht berechtigt, unbeschadet der Vorschrift des § 1685 Abs. 1."

§ 1684: „Der Mutter steht die elterliche Gewalt zu:

1. wenn der Vater gestorben oder für tot erklärt ist;
2. wenn der Vater die elterliche Gewalt verwirkt hat und wenn die Ehe aufgelöst ist.

Im Falle der Todeserklärung beginnt die elterliche Gewalt der Mutter mit dem Zeitpunkte, der als Zeitpunkt des Todes des Vaters gilt."

§ 1685: „Ist der Vater an der Ausübung der elterlichen Gewalt tatsächlich verhindert oder ruht seine elterliche Gewalt, so übt während der Dauer der Ehe die Mutter die elterliche Gewalt mit Ausnahme der Nutznießung aus."

§ 1686: „Auf die elterliche Gewalt der Mutter finden die für die elterliche Gewalt des Vaters geltenden Vorschriften Anwendung, soweit sich nicht aus den §§ 1687 bis 1697 ein anderes ergibt."

§ 1696: „Ruht die elterliche Gewalt der Mutter wegen Minderjährigkeit, so hat die Mutter das Recht und die Pflicht, für die Person des Kindes zu sorgen; zur Vertretung des Kindes ist sie nicht berechtigt."

§ 1697: „Die Mutter verliert die elterliche Gewalt, wenn sie eine neue Ehe eingeht."

Die Mutter eines unehelichen Kindes ist zu dessen Vertretung nicht berechtigt. § 1707 BGB.

Gesetzliche Vertreter sind ferner der Adoptivvater und die Adoptivmutter (§ 1757), der Vormund (§§ 1793, 1897, 1901) und der Pfleger des Verhafteten (§§ 1910, 1915).

c) Das Recht des gesetzlichen Vertreters, für den Verhafteten einen Verteidiger zu wählen, ist ein selbständiges, von dem Willen und der Entscheidung des Verhafteten unabhängiges. Der gesetzliche Vertreter übt sein Recht aus kraft seiner gesetzlichen Stellung. Auch bezüglich der Auswahl des Verteidigers ist er keiner Beschränkung seitens des Verhafteten unterworfen. Anderseits wird durch das Recht des gesetzlichen Vertreters auch das Recht des Verhafteten auf eigene Wahl eines Verteidigers weder aufgehoben noch beschränkt. Beide Rechte bestehen vielmehr nebeneinander. Das Gesetz sagt: „Auch" der gesetzliche Vertreter kann selbständig einen Verteidiger wählen. Wenn sowohl der Verhaftete selbst als auch sein gesetzlicher Vertreter einen Verteidiger wählt, müssen — ausnahmsweise, s. Anm. 2 — beide Verteidiger gleichzeitig zugelassen werden. So auch bezüglich der Strafprozeßordnung Loewe, StPO. Note 3c zu Abschnitt 11, § 137 Anm. 5 unter Bezugnahme auf die Motive zu dieser Bestimmung.

Der gesetzliche Vertreter kann sich auch selbst zum Verteidiger wählen, sofern er im übrigen die erforderlichen Eigenschaften hat (s. Anm. 4b, 5a, b).

d) Das Recht, selbständig einen Verteidiger zu wählen, hat neben den Verhafteten selbst nur dessen gesetzlicher Vertreter. Sonstige Angehörige des Verhafteten sind nicht ohne weiteres zur selbständigen Wahl eines Verteidigers berechtigt.

Insbesondere steht dieses Recht auch dem Ehemann einer Verhafteten nicht ipso jure zu.

e) „Entsprechende" Anwendung heißt sinngemäße Anwendung. Näheres s. § 6 Anm. 2a.

f) Bezüglich der Zulassung des gesetzlichen Vertreters als „Beistand" s. § 10.

4. a) Was die Auswahl des Verteidigers anlangt, so ist zunächst hervorzuheben, daß diese nicht beschränkt ist auf die gemäß § 341 der Militärstrafgerichtsordnung bei Militärgerichten besonders zugelassenen Rechtsanwälte. Eine solche Beschränkung, an die zunächst gedacht war (s. StenBer. S. 1862 B), ist vom Gesetz mit Absicht abgelehnt worden. In dieser Beziehung führte der Berichterstatter der Kommission bei der ersten Beratung des Entwurfs im Reichstag aus (StenBer. S. 2080 D): „Den Kreis zu beschränken, aus dem die Verteidiger nach dem § 138 StPO. zu entnehmen sind, also etwa nur beim Reichsmilitärgericht zugelassene Rechtsanwälte zuzulassen, hielt die Kommission aus grundsätzlichen Erwägungen und auch deshalb für ausgeschlossen, weil dem Verhafteten bei weiter Entfernung des Haftortes der erforderliche leichte und rasche Verkehr (§ 9) mit einem beim Reichsmilitärgericht zugelassenen Rechtsanwalt, der ihm zumeist ganz fremd ist, nicht möglich ist."

b) Im übrigen bestimmt das Gesetz bezüglich der Zulassung zu Verteidigern, daß die Vorschriften des § 138 StPO. entsprechende Anwendung finden

§ 138 StPO. bestimmt:

„Zu Verteidigern können die bei einem deutschen Gerichte zugelassenen Rechtsanwälte sowie die Rechtslehrer an deutschen Hochschulen gewählt werden.

Andere Personen können nur mit Genehmigung des Gerichts und, wenn der Fall einer notwendigen Verteidigung vorliegt und der Gewählte nicht zu den Personen gehört, welche zu Verteidigern bestellt werden

dürfen, nur in Gemeinschaft mit einer solchen als Wahlverteidiger zugelassen werden."

Hierzu ist zu bemerken:

5. Zu Abs. 1.

a) Von den Rechtsanwälten kommen nur die bei einem deutschen Gerichte zugelassenen in Betracht. Nach § 100 der Rechtsanwaltsordnung vom 1. Juli 1878 dürfen die bei dem Reichsgericht zugelassenen Rechtsanwälte bei einem anderen Gerichte nicht auftreten. Die Frage, ob sie als Verteidiger eines auf Grund dieses Gesetzes Verhafteten auftreten können, wird man nach dem Sinne der Vorschrift der Rechtsanwaltsordnung (wonach die Rechtsanwälte des Reichsgerichts ihre Tätigkeit auf das Reichsgericht beschränken sollen, Motive zur Rechtsanwaltsordnung §§ 96, 97 S. 101, Reichst.-Verh. III. Legisl.-Per., 2. Sess. 1878, Bd. 3, Nr. 5; vgl. dazu Loewe, StPO. § 138 Anm. 2b) verneinen müssen. Jedenfalls dürfen sie, selbst wenn sie sonst in dem Verfahren tätig sind, nicht vor den Gerichten (Reichsmilitärgericht § 3 Abs. 2, vernehmendes Gericht § 4) auftreten.

b) Zu den Rechtslehrern gehören auch die Privatdozenten.

c) Eine Verpflichtung zur Annahme der Wahl besteht für die Wahlverteidiger nicht; anders liegt die Sache bei den zu Verteidigern bestellten Rechtsanwälten. S. § 8 Anm. 3c.

d) Die gemäß Abs. 1 gewählten Verteidiger sind ohne weiteres zuzulassen und können nicht zurückgewiesen werden, bedürfen auch keiner Genehmigung. Anders liegt die Sache im Falle des Abs. 2. S. unten Anm. 6a.

e) Bevollmächtigung des gewählten Verteidigers ist zwar stets erforderlich, nicht aber eine schriftliche Vollmacht. Die Art des Ausweises ist so wenig wie möglich zu beschränken. Es wird regelmäßig genügen, wenn der Verhaftete oder sein Vertreter die Wahl des Verteidigers mündlich oder schriftlich zu den Akten anzeigt oder der Verteidiger selbst seine Wahl irgendwie glaubhaft macht. Vgl. Loewe, StPO. § 138 Anm. 11a.

f) Der Verteidiger ist in seiner Tätigkeit selbständig; das gilt sowohl von der Ausübung derjenigen Rechte, die nur ihm, nicht auch dem Verhafteten zustehen (z. B. Akteneinsicht, § 9), als auch da, wo er neben dem Verhafteten auftritt (z. B. bei der mündlichen Verhandlung gemäß § 3 Abs. 2). Selbst Widerspruch des Verhafteten nimmt den Erklärungen des Verteidigers nicht ohne weiteres die Wirkung. Vgl. dazu die Ausführungen bei Loewe, StPO., Vorbemerkungen zum 11. Abschnitt „Verteidigung", Note 8.

g) So wie der Verhaftete jederzeit berechtigt ist, die Wahl des Verteidigers rückgängig zu machen und die Vollmacht zurückzunehmen, so hat andererseits auch der gewählte Verteidiger (nicht der bestellte, s. § 8 Anm. 4d) das Recht, jederzeit die Vollmacht zurückzugeben und seine Tätigkeit niederzulegen.

h) Der gewählte Verteidiger kann sich auch mit Einwilligung des Verhafteten durch eine andere Person vertreten lassen. Der Vertreter muß aber den Erfordernissen des § 138 Abs. 1 entsprechen; ist dies nicht der Fall, so ist zur Zulassung die Genehmigung erforderlich. Näheres s. Anm. 6a.

i) Nach § 139 StPO. kann der als Verteidiger gewählte Rechtsanwalt mit Zustimmung des Angeklagten die Verteidigung einem Rechtskundigen, welcher die erste Prüfung für den Justizdienst bestanden hat und in demselben seit mindestens zwei Jahren beschäftigt ist (Referendare, Rechtspraktikanten) übertragen. Ein solcher Vertreter bedarf, ebenso wie ein auf Grund des § 25 der Rechtsanwaltsordnung bestellter allgemeiner Stellvertreter (sog. Generalsubstitut), zur Führung der Verteidigung nicht der Genehmigung des Gerichts (Loewe, StPO. § 139 Anm. 2c). Es fragt sich, ob auch diese Vorschrift entsprechende Anwendung findet auf die Verteidigung auf Grund des neuen Gesetzes. Das ist zu verneinen. Wie bemerkt (s. S. 31), finden auf das neue

Gesetz die Bestimmungen der Strafprozeßordnung nicht ohne weiteres entsprechende Anwendung, sondern nur soweit, als sie im neuen Gesetz ausdrücklich für anwendbar erklärt worden sind. Das ist bezüglich des § 139 nicht der Fall. Wenn daher auch den genannten Rechtskundigen mit Zustimmung des Verhafteten die Führung der Verteidigung übertragen werden kann, so haben sie dadurch doch, sofern sie nicht zu den in § 138 Abs. 1 angeführten Personen gehören, nicht ohne weiteres Anspruch auf Zulassung, bedürfen vielmehr als zu den in Abs. 2 angeführten „anderen Personen" gehörig, der Genehmigung des Gerichts oder des Inhabers der vollziehenden Gewalt.

Zu § 138 Abs. 2 StPO.

6. a) Durch die Vorschrift des Abs. 2 ist es ermöglicht, ohne Unterschied der Person und ohne jede Rücksicht auf wissenschaftliche Vorbildung oder praktische juristische Vorbereitung jedermann die Führung einer Verteidigung zu übertragen. Nur ist die Zulassung solcher (nicht unter Abs. 1 fallender) Personen als Verteidiger von der Genehmigung des Gerichts oder vielmehr des Inhabers der vollziehenden Gewalt abhängig. Dieser entscheidet nach freiem Ermessen, ob er sie erteilen oder versagen, ob er sie allgemein für die ganze Dauer der Haft oder nur vorübergehend zur Vornahme einzelner Verteidigungshandlungen erteilen will. Auch ist er berechtigt, eine erteilte Genehmigung jederzeit zurückzunehmen.

b) Auch diese Vorschriften im Abs. 2 des § 138 StPO. sollen „entsprechende", d. h. sinngemäße Anwendung finden (vgl. § 6 Anm. 2a). Die Erteilung der Genehmigung zur Zulassung ist in allen Fällen Sache des Inhabers der vollziehenden Gewalt, der die Haft angeordnet hat. Der Richter kommt nur bezüglich der Bestellung eines Verteidigers, nicht aber bezüglich des Wahlverteidigers in Betracht (s. § 8).

7. Die Vorschrift des § 7 (und weiterhin die der in Bezug genommenen §§ 137 Abs. 2 und 138 StPO.) finden auf die Aufenthaltsbeschränkungen entsprechende Anwendung (s. § 11).

Bestellung eines Verteidigers durch den Amtsrichter auf Antrag oder von Amts wegen.

§ 8.

Der Amtsrichter, in dessen Bezirk die Verhaftung erfolgt ist oder der Verhaftete sich befindet, kann dem Verhafteten auf Antrag oder von Amts wegen einen Verteidiger bestellen. Die Bestellung muß erfolgen, wenn der Verhaftete sie nach zweiwöchiger Dauer der Haft beantragt; über dieses Antragsrecht ist der Verhaftete bei seiner Vernehmung zu belehren. Die Bestellung ist zurückzunehmen, wenn demnächst ein anderer Verteidiger gewählt wird und dieser die Wahl annimmt.

1. Der § 8 regelt die Bestellung eines Verteidigers auf Antrag oder von Amts wegen. Die Vorschrift lautete im Entwurf (§ 9) folgendermaßen (Druckf. Nr. 431):

> **„Der Amtsrichter des Bezirks, in welchem die Verhaftung oder, wenn der Ort der Einlieferung von dem der Verhaftung verschieden ist, die Einlieferung erfolgt ist, kann dem Verhafteten auf Antrag oder von Amts wegen einen Verteidiger bestellen. Die Bestellung ist zurückzunehmen, wenn demnächst ein anderer Verteidiger gewählt wird und dieser die Wahl annimmt."**

Die jetzige Fassung wurde von der Kommission beschlossen (Druckf. Nr. 496) und vom Reichstag in allen drei Beratungen unverändert angenommen (StenBer. S. 2081 C, S. 2082 C, S. 2083 A).

2. Während § 7 die Wahlverteidigung regelt, handelt § 8 von der Bestellung eines Verteidigers durch den Amtsrichter. Dabei werden zwei Fälle unterschieden: erstens die Bestellung auf Antrag des Verhafteten und zweitens die Bestellung von Amts wegen.

a) Zu der Bestellung berechtigt ist allein der Amtsrichter, und zwar sowohl derjenige, in dessen Bezirk die Verhaftung erfolgt ist, als auch derjenige, in dessen Bezirk sich der Verhaftete befindet. Befinden sich in dem betreffenden Bezirke mehrere Amtsrichter, so ist jeder in gleicher Weise zuständig. Dem Inhaber der vollziehenden Gewalt, der die Haft angeordnet hat, steht das Recht der Bestellung nicht zu.

Entscheidend für die Zuständigkeit des Amtsrichters ist, ob in seinem Bezirk „die Verhaftung" erfolgt ist oder ob der „Verhaftete" sich darin befindet. Unter der „Verhaftung" ist die Vollstreckung des schriftlichen Haftbefehles, nicht schon die bloße Vorführung oder vorläufige Festnahme zwecks späterer Anordnung der Haft zu verstehen. Hiernach ist also derjenige Amtsrichter, in dessen Bezirk lediglich die vorläufige Festnahme erfolgt, zur Bestellung eines Verteidigers nicht zuständig.

b) Beantragt der Verhaftete die Bestellung eines Verteidigers, so ist zu prüfen, ob er sich bereits zwei Wochen in Haft befindet oder nicht. Im ersteren Falle muß seinem Antrage stattgegeben werden; im zweiten Falle dagegen entscheidet der Amtsrichter nach freiem Ermessen, ob er dem Antrage stattgeben will oder nicht. Einen Anspruch auf Bestellung hat der Verhaftete, so lange er sich nicht wenigstens zwei Wochen in Haft befindet, nicht. Über das Recht, nach zweiwöchiger Haftdauer die Bestellung eines Verteidigers verlangen zu können, muß der Verhaftete sogleich bei seiner richterlichen Vernehmung, die gemäß § 4 spätestens am Tage nach seiner Verhaftung zu erfolgen hat (vgl. § 4), belehrt werden.

c) In welchen Fällen und unter welchen Voraussetzungen der Amtsrichter „von Amts wegen", d. h. ohne einen Antrag abzuwarten aus eigener Bewegung, aus eigener Entschließung einen Verteidiger bestellt, hat das Gesetz nicht bestimmt. Der Amtsrichter entscheidet darüber nach freiem Ermessen.

3. a) Was den Kreis der Personen anlangt, aus denen der Amtsrichter den zu bestellenden Verteidiger auswählt, so hat das Gesetz hierüber keine Vorschrift gegeben. Nach § 144 StPO. erfolgt die Auswahl durch den Vorsitzenden des Gerichts aus der Zahl der am Sitze dieses Gerichts wohnhaften Rechtsanwälte. Auch können nach jener Bestimmung Justizbeamte, welche nicht als Richter angestellt sind, sowie solche Rechtskundige, welche die vorgeschriebene erste Prüfung für den Justizdienst bestanden haben, als Verteidiger bestellt werden. Diese Vorschrift ist aber, da, wie bemerkt (S. 31), auf das Haftverfahren nach dem neuen Gesetz nicht ohne weiteres alle Vorschriften der Strafprozeßordnung, sondern die ausdrücklich angezogenen entsprechende Anwendung finden sollen, nicht ohne weiteres anwendbar. Dennoch wird regelmäßig nach Inhalt jener Vorschrift verfahren werden.

b) Die Bestellung von Rechtslehrern an deutschen Hochschulen (§ 138 StPO., s. § 7 Anm. 4b, 5b) erscheint schon um deswillen ausgeschlossen, weil für sie die Verpflichtung, die Verteidigung zu übernehmen, nicht besteht.

c) Dagegen ist in sinngemäßer Anwendung des § 39 der Rechtsanwaltsordnung ein zum Verteidiger bestellter Rechtsanwalt, der im Bezirke des Amtsgerichts wohnhaft (oder zugelassen) ist (mit Ausnahme der Rechtsanwälte des Reichsgerichts, s. § 7 Anm. 5a), zur Übernahme der Verteidigung verpflichtet. Hält er die Bestellung für unberechtigt, so kann er darüber beim Amtsrichter vorstellig werden, nötigenfalls sich über diesen beschweren (Loewe, StPO. § 144 Anm. 2b).

4. a) Der Schlußsatz betreffend die „Zurücknahme der Bestellung" entspricht der gleichlautenden Bestimmung in § 143 StPO. Voraussetzung für die Zurücknahme ist:

1. daß ein anderer Verteidiger, der den gesetzlichen Erfordernissen entspricht (§ 7 in Verbindung mit § 138 StPO.), gewählt ist, wobei es gleichgültig ist, ob die

Wahl durch den Verhafteten elbst oder durch seinen gesetzlichen Vertreter erfolgt (§ 7 Anm. 3a);

2. daß der Gewählte die Wahl annimmt.

Gehört der gewählte Verteidiger zu denjenigen Personen, die zur Zulassung der Genehmigung bedürfen (Abs. 2 des § 138 StPO.; s. § 7 Anm. 4b, 6a), so ist die Zurücknahme der Bestellung außerdem noch von der vorherigen Erteilung dieser Genehmigung seitens des Inhabers der vollziehenden Gewalt abhängig (vgl. hierzu § 7 Anm. 6b).

Liegen die genannten Voraussetzungen vor, so erlischt dennoch die Bestellung nicht von selbst, sondern es bedarf noch der ausdrücklichen Zurücknahme. So lange diese nicht erfolgt ist, bleibt die Bestellung noch bestehen und der bestellte Verteidiger behält alle Rechte und Pflichten eines solchen, so daß dann ausnahmsweise zwei Verteidiger nebeneinander zuzulassen sind (s. § 7 Anm. 2).

b) Über die Zuständigkeit zur Zurücknahme der Bestellung enthält das Gesetz keine Bestimmung. Als zuständig wird man den Amtsrichter, der die Bestellung vorgenommen hat, ansehen müssen.

c) Der bestellte Verteidiger ist stets persönlich bestellt, er kann daher die Bestellung nicht ohne weiteres willkürlich auf einen anderen übertragen und sich durch diesen vertreten lassen. S. Entscheidungen des Reichsmilitärgerichts 7, 3. Eine Stellvertretung ist vielmehr nur mit Genehmigung des Amtsgerichts, das ihn zum Verteidiger bestimmt hat, zulässig. Und zwar gilt dies (aus den § 7 Anm. 5i angeführten Gründen) für den Fall auch, daß der bestellte Verteidiger einen allgemeinen Stellvertreter (sog. Generalsubstituten) hat.

d) Auch zur willkürlichen Niederlegung der Verteidigung ist der bestellte Verteidiger nicht befugt. Anders der gewählte Verteidiger (s. § 7 Anm. 5g).

e) Der zum Verteidiger bestellte Rechtsanwalt hat für die geführte Verteidigung Anspruch auf Zahlung von Gebühren aus der Staatskasse nach Maßgabe der Gebührenordnung für Rechtsanwälte vom 7. Juli 1879, §§ 63ff. Das Gesetz spricht dies zwar nicht ausdrücklich aus, wie es überhaupt keine Bestimmung bezüglich der Kosten enthält. Es erscheint aber unbedenklich, in dieser Beziehung die Vorschriften des § 150 StPO. und des § 17 des Einführungsgesetzes zur Militärstrafgerichtsordnung sinngemäß anzuwenden.

5. Die Bestimmungen des § 8 finden nach der Vorschrift des § 11 auf die Aufenthaltsbeschränkungen entsprechende Anwendung.

Einsicht der Akten durch den Verteidiger.
Verkehr des Verteidigers mit dem Verhafteten.

§ 9.

Dem Verteidiger ist die Einsicht der über die Verhaftung erwachsenen Akten zu gestatten. Dem Verhafteten ist schriftlicher und mündlicher Verkehr mit dem Verteidiger gestattet.

1. Die Vorschrift lautete im Entwurfe (§ 10) folgendermaßen (Drucks. Nr. 431):

> **„Dem Verteidiger ist die Einsicht etwa vorhandener Akten, die den Grund der Verhaftung betreffen, einschließlich der Protokolle über die Vernehmung des Verhafteten und der Zeugen sowie der Gutachten von Sachverständigen zu gestatten. Der § 148 Abs. 1 StPO. kommt zur Anwendung."**

Die Fassung des Gesetzes beruht auf dem Beschlusse der Kommission (Drucks. Nr. 496), sie wurde vom Reichstag in allen drei Beratungen ohne Abänderung angenommen (Sten. Ber. S. 2081 C, S. 2082 C, S. 2083 A).

2. a) Unter dem Verteidiger, dem die Akteneinsicht gestattet werden muß, ist ohne Unterschied sowohl der gewählte (s. § 7), wie der auf Antrag oder von Amts wegen bestellte (s. § 8) zu verstehen.

b) Andererseits aber steht das Recht der Akteneinsicht nur dem Verteidiger zu, andere Personen, insbesondere auch der Verhaftete selbst oder seine Angehörigen, haben das Recht nicht. Auch die gemäß § 10 als Beistand zugelassenen Personen (der gesetzliche Vertreter und der Ehemann einer Verhafteten) haben keinen Anspruch auf Einsicht in die Akten.

3. Dem Verteidiger steht nicht allgemein und uneingeschränkt das Recht der Einsicht in die ganzen entstandenen Akten zu, vielmehr ist sein Recht beschränkt auf „die über die Verhaftung erwachsenen Akten". In dem Entwurf war gesagt „in die etwa vorhandenen Akten, die den Grund der Verhaftung betreffen". Dabei war hinzugefügt: „einschließlich der Protokolle über die Vernehmung des Verhafteten und der Zeugen sowie der Gutachten von Sachverständigen". Diese Worte wurden aber von der Kommission gestrichen (s. Anm. 1). Eine Einsicht in diese Protokolle ist dem Verteidiger also nur insoweit zu gestatten, als sie über die „Verhaftung" erwachsen sind, mit anderen Worten, als sie unmittelbar die Verhaftung selbst, d. h. den Erlaß des Haftbefehls und dessen Vollstreckung betreffen. Zu der Bestimmung führte der Berichterstatter der Kommission bei der ersten Beratung des Entwurfs im Reichstag aus (Sten-Ber. S. 2080 D): „Was die nach § 9 gestattete Einsicht der Akten, ‚die über die Verhaftung erwachsen sind', durch den Verteidiger angeht, so ist in der Kommission unter Zustimmung des Regierungsvertreters festgestellt worden, daß hiernach nur die Einsicht in die Akten über den einzelnen Verhaftungfall, nicht aber in etwaige Generalakten in Frage kommt."

4. Zuständig für die Gestattung der Einsicht ist allein der Inhaber der vollziehenden Gewalt, der die Haft angeordnet hat. Dem Amtsrichter, der durch Vernehmung des Verhafteten (§ 4) oder durch Bestellung eines Verteidigers (§ 8) vorübergehend mit dem Falle befaßt wird,

kann die Befugnis, die Einsicht zu gestatten, nicht zugestanden werden, ebensowenig dem Reichsmilitärgericht, wenn dieses gemäß §§ 3, 5, 13 mit der Sache zu tun hat.

5. Dem Verteidiger „ist" die Einsicht der Akten in dem angegebenen Umfange (s. Anm. 3) zu gestatten, d. h. er hat ein Recht darauf. Wird ihm die Einsicht vom Inhaber der vollziehenden Gewalt (s. Anm. 4) verweigert, so kann er sich darüber bei dem Obermilitärbefehlshaber (dem preußischen Kriegsminister in Berlin) gemäß dem Gesetz über den Kriegszustand vom 4. Dezember 1916 und §§ 1, 2 Ziff. 2 der Kaiserlichen Ausführungsverordnung beschweren. (Auf Bayern findet das Gesetz keine Anwendung). Näheres hierüber s. § 3 Anm. 13.

6. Dem Verteidiger steht die Einsicht der Akten nur in den Diensträumen des Inhabers der vollziehenden Gewalt oder des Gerichts (Amtsgerichts, Reichsmilitärgerichts) zu. Einen Anspruch auf Verabfolgung der Akten in seine Wohnung oder überhaupt auf Zusendung hat der Verteidiger nicht, doch kann sowohl die eine wie die andere zugestanden werden.

7. a) Der Verteidiger hat nur Anspruch auf „Einsicht" in die Akten, nicht aber auf Erteilung von Abschriften aus ihnen, doch können ihm solche auf seine Kosten nach Anordnung des Inhabers der vollziehenden Gewalt erteilt werden. Auch ist er für berechtigt zu erachten, aus den Akten, soweit sie ihm zur Einsichtnahme offen stehen (s. Anm. 3), selbst Abschriften anzufertigen.

b) Auch andere Personen, namentlich auch der Verhaftete selbst, haben keinen Anspruch auf Erteilung von Abschriften aus den Akten. Ob ihnen ausnahmsweise, etwa wegen nachgewiesenen berechtigten Interesses, solche zu erteilen sind, steht lediglich im Ermessen des Inhabers der vollziehenden Gewalt, der die Haft angeordnet hat. Andere Behörden aber, die vorübergehend mit der Sache befaßt werden (vernehmender Richter, Amtsgericht, Reichsmilitärgericht, §§ 3,

4, 5, 8, 13), können zur Erteilung von Abschriften nicht für befugt erachtet werden.

c) Gegen die Ablehnung von Anträgen durch den Inhaber der vollziehenden Gewalt ist Beschwerde an den Obermilitärbefehlshaber zulässig. S. Anm. 5, § 3 Anm. 13.

8. Die Bestimmung über den Verkehr des Verteidigers mit dem Verhafteten entspricht den Vorschriften in § 148 Abs. 1 StPO. und § 345 Abs. 1 der Militärstrafgerichtsordnung.

a) Das Recht des schriftlichen und mündlichen Verkehres steht (ebenso wie das Recht der Akteneinsicht, s. Anm. 2a) allen Verteidigern ohne Unterschied zu, sowohl dem gewählten (§ 7), wie dem bestellten (§ 8).

b) Was sodann den Umfang des Verkehrs, sowohl des schriftlichen wie des mündlichen, anlangt, so ist dieser kein unumschränkter und unbegrenzter. Das Gesetz spricht nicht von einem „freien" Verkehr. Der Inhaber der vollziehenden Gewalt muß das Recht haben, den Verkehr, und zwar den schriftlichen sowohl wie den mündlichen, erforderlichenfalls zu beaufsichtigen oder beaufsichtigen zu lassen. Er ist infolge seines Beaufsichtigungsrechtes befugt, Einsicht von den schriftlichen Mitteilungen zu verlangen und diese, wenn es ihm nach seinem pflichtmäßigen Ermessen auf Grund der Sachlage nötig erscheint, zurückzuweisen. In gleicher Weise kann er anordnen, daß den Unterredungen des Verteidigers mit dem Verhafteten eine von ihm zu bestellende Person beiwohne. Auch kann er selbst der Unterredung beiwohnen. Erscheint der Unterredung geeignet, den Zweck der Untersuchungshaft (s. § 1 Anm. 7, § 5 Anm. 4b) zu gefährden oder zu vereiteln, so ist die der Unterredung beiwohnende Person berechtigt, sie abzubrechen.

c) Gegen die diesbezüglichen Anordnungen des Inhabers der vollziehenden Gewalt steht dem Verteidiger das Recht der Beschwerde an den Obermilitärbefehlshaber (preußischen Kriegsminister) zu. Näheres s. Anm. 5, § 3 Anm. 13.

d) Sonstige Bestimmungen über den schriftlichen und mündlichen Verkehr anderer Personen mit dem Verhafteten enthält das Gesetz nicht. Hierüber entscheidet daher der Inhaber der vollziehenden Gewalt allein nach pflichtmäßigem freiem Ermessen. Auch gegen diese Entscheidungen hat sowohl der Verhaftete selbst als die sonst von ihr betroffene Person das Recht der Beschwerde an den Obermilitärbefehlshaber (preußischen Kriegsminister). S. Anm. 5.

9. Gemäß der Vorschrift des § 11 finden die Bestimmungen des § 9 auf die Aufenthaltsbeschränkungen entsprechende Anwendung. S. § 11.

Gesetzlicher Vertreter des Verhafteten und Ehemann einer solchen als Beistand.

§ 10.

Der gesetzliche Vertreter des Verhafteten und der Ehemann einer Verhafteten ist als Beistand zuzulassen und auf sein Verlangen zu hören.

1. Die Vorschrift wegen Zulassung des gesetzlichen Vertreters des Verhafteten und des Ehemannes einer Verhafteten als „Beistand" entspricht dem gleichlautenden § 149 der Strafprozeßordnung. Sie hatte im Entwurfe (§ 11) dieselbe Fassung (Drucks. Nr. 431) und wurde von der Kommission sowie vom Reichstag unverändert angenommen (Drucks. Nr. 496; StenBer. S. 2081 C, S. 2082 C, S. 2083 A).

2. Der Begriff des gesetzlichen Vertreters ist im Gesetze selbst nicht festgelegt, er bestimmt sich nach dem bürgerlichen Recht. Näheres s. § 7 Anm. 3b.

3. a) Auch über den Begriff des Beistandes und über den Inhalt seiner Befugnisse enthält das Gesetz keine Bestimmungen. Daß die Vorschriften des Bürgerlichen Gesetzbuches über die Befugnisse des Beistandes (§§ 1688 ff.) hier nicht anwendbar sind, ergibt sich aus der Verschiedenartigkeit beider Stellungen nach dem vorliegenden Gesetze und nach dem Bürgerlichen Gesetzbuch ohne weiteres von selbst.

b) Der Beistand ist zunächst nicht Stellvertreter des Verhafteten. Erklärungen und Handlungen des Beistandes gelten nicht ohne weiteres als solche des Verhafteten selbst und binden diesen daher an sich noch keineswegs. Die „Anhörung“ des Beistandes macht auch die Zuziehung des Verhafteten selbst nicht überflüssig. Dem Beistande soll nur die Möglichkeit der Ausübung gewisser Befugnisse an der Seite des Verhafteten selbst und in dessen Unterstützung gewährt werden.

c) Hervorzuheben ist sodann, daß der Begriff „Beistand“ keineswegs gleichbedeutend ist mit „Verteidiger“, so daß also der gesetzliche Vertreter und der Ehemann einer Verhafteten nach § 10 nicht ohne weiteres als Verteidiger zuzulassen sind und nicht von selbst dessen Befugnisse, die weiter gehen als die des bloßen Beistandes, haben. Insbesondere steht ihnen als „Beistand“ nicht ohne weiteres das Recht zur Einsicht der über die Verhaftung erwachsenen Akten und das Recht des schriftlichen und mündlichen Verkehrs mit dem Verhafteten gemäß § 9 zu. Die sämtlichen Rechte des Verteidigers haben sie gemäß § 7 des Gesetzes in Verbindung mit § 138 StPO. vielmehr nur dann, wenn sie (sofern sie zu den bei den deutschen Gerichten zugelassenen Rechtsanwälten gehören oder Rechtslehrer an einer deutschen Hochschule sind) zu Verteidigern gewählt oder bestellt, oder (sofern sie nicht zu den genannten Rechtsanwälten oder Rechtslehrern zählen) vom Gericht als Verteidiger besonders zugelassen sind. Vgl. § 7.

d) Daß der gesetzliche Vertreter aber seinerseits selbständig berechtigt ist, einen Verteidiger zu wählen, ist durch § 7 in Verbindung mit § 137 Abs. 2 StPO. ausdrücklich bestimmt. Er kann sich unter Umständen auch selbst wählen. Näheres s. § 7 Anm. 3c.

4. Der gesetzliche Vertreter und der Ehemann einer Verhafteten müssen als Beistand zugelassen, können also als solche nicht zurückgewiesen werden („ist zuzulassen“). Dadurch daß der Verhaftete bereits einen (gewählten oder bestellten)

Verteidiger hat, wird das Recht des gesetzlichen Vertreters oder des Ehemannes einer Verhafteten auf Zulassung als Beistand nicht berührt.

5. Des weiteren sind sie dann „auf Verlangen zu hören".

a) „Auf Verlangen" soll heißen, daß sie nicht von Amts wegen befragt zu werden brauchen, sondern erst zu hören sind, wenn sie dies beantragen. Dann müssen sie allerdings „gehört" werden.

b) Durch die Fassung ist „zu hören" soll gesagt werden, daß der Beistand berechtigt ist, Erklärungen zugunsten des Verhafteten abzugeben, Angaben tatsächlicher und rechtlicher Natur zu machen, Beweisanträge zu stellen u. dgl. Die Verpflichtung, den Beistand zu „hören", schließt aber die Verpflichtung, seinen Anträgen und Anregungen auch Folge zu geben, selbstredend keineswegs ohne weiteres in sich. Hierüber entscheidet die zuständige Stelle lediglich nach freiem Ermessen.

c) Betont sei noch besonders, daß ein Anspruch, der Vernehmung des Verhafteten oder einer etwa angeordneten mündlichen Verhandlung (§§ 3, 4) beizuwohnen, für den Beistand nicht besteht. Anderseits kann ihm die Anwesenheit gestattet werden.

6. Gemäß ausdrücklicher Vorschrift in § 11 finden die Bestimmungen des § 10 auf die Aufenthaltsbeschränkungen entsprechende Anwendung.

Anwendung von Vorschriften über die Haft auf die Aufenthaltsbeschränkung.

§ 11.

Die Bestimmungen der §§ 2 bis 5 und 7 bis 10 dieses Gesetzes finden auf die Aufenthaltsbeschränkungen entsprechende Anwendung.

1. Die Vorschrift war im Entwurfe nicht enthalten; sie wurde von der Kommission eingefügt (Drucks. Nr. 496) und vom Reichstag in allen drei Beratungen unverändert angenommen (StenBer. S. 2081 C, S. 2082 C, 2083 A).

2. Gemäß § 1 ist die Anordnung einer Aufenthaltsbeschränkung durch die vollziehende Gewalt auf Grund des Kriegs- oder Belagerungszustandes von denselben Voraussetzungen abhängig wie die Anordnung der Haft. Sie ist, wie diese, nur dann zulässig, wenn sie zur Abwendung einer Gefahr für die Sicherheit des Reichs erforderlich ist. In Ergänzung dieser allgemeinen Vorschrift ist nun in § 11 bestimmt, welche anderen Vorschriften des Gesetzes auf die Aufenthaltsbeschränkungen anwendbar sein sollen: es sollen die Bestimmungen der §§ 2, 3, 4, 5, 7, 8, 9 und 10 „entsprechende Anwendung" finden. Nicht anwendbar sind hiernach also auf die Aufenthaltsbeschränkung die Bestimmung des § 6 (wonach auf die Vollstreckung der Haft die Vorschriften des § 116 StPO. entsprechende Anwendung finden sollen) und die Bestimmung des § 12 (wonach eine auf Grund dieses Gesetzes erlittene Haft in einem auf Strafe lautenden Urteil ganz oder teilweise zur Anrechnung gebracht werden kann). In dem (von der Kommission hinzugefügten) § 13 sind dann wiederum Haft und Aufenthaltsbeschränkung, wie in § 1 bezüglich der Voraussetzungen für ihre Anordnung, so hier bezüglich des Entschädigungsanspruches gleichmäßig behandelt worden.

3. Daß sich das Gesetz nur auf Deutsche bezieht und daß Ausländer dessen Schutz nicht beanspruchen können, wurde bereits zu § 1 ausgeführt. Das dort Anm. 2a Gesagte gilt in gleicher Weise bezüglich der Anordnung einer Aufenthaltsbeschränkung wie der Verhängung der Haft.

4. Bezüglich der verschiedenen Arten der Aufenthaltsbeschränkung s. § 1 Anm. 4.

5. „Entsprechende" Anwendung heißt sinngemäße Anwendung, d. h. unter Anpassung an die der Aufenthaltsbeschränkung eigenen besonderen Verhältnisse. Näheres s. § 6 Anm. 2a.

Diese „entsprechende" Anwendung der angeführten Bestimmungen ergibt im einzelnen folgendes:

a) Auch zur Anordnung der Aufenthaltsbeschränkung bedarf es eines schriftlichen Befehles, in dem die der Aufenthaltsbeschränkung zugrunde liegenden Tatsachen anzugeben sind. Dieser schriftliche Befehl ist dem Betroffenen sogleich bei der Verhängung der Beschränkung und, falls dies nicht möglich ist, unverzüglich nach ihr bekannt zu geben. Dem Betroffenen ist auf Verlangen eine Abschrift des Befehles zu erteilen. Im übrigen s. die Ausführungen zu § 2.

b) Gegen die Anordnung einer Aufenthaltsbeschränkung steht ebenfalls dem Betroffenen jederzeit das Rechtsmittel der Beschwerde an das Reichsmilitärgericht zu. Hierüber ist er bei Zustellung des schriftlichen Befehles (s. a.) zu belehren. Bezüglich des Verfahrens vor dem Reichsmilitärgericht gilt dasselbe wie bei der Entscheidung über die Beschwerde gegen die Verhaftung. Näheres s. § 3.

c) Auch der im Aufenthalt Beschränkte kann verlangen, daß er spätestens am Tage nach der Vollstreckung des Befehles durch einen Richter darüber vernommen werde, ob und welche Einwendungen er gegen die angeordnete Aufenthaltsbeschränkung zu erheben hat. Näheres s. § 4.

d) Ferner gelten für die Dauer, die Aufhebung und Neuanordnung einer Aufenthaltsbeschränkung dieselben Grundsätze wie bezüglich der Haft. Die Aufenthaltsbeschränkung muß aufgehoben werden, wenn ihr Grund oder Zweck hinfällig geworden ist, ferner wenn der Kriegs- oder Belagerungszustand aufhört, endlich ohne weiteres, wenn seit dem Tage ihres Beginnes drei Monate verflossen sind. Nach Ablauf dieser Zeit kann zwar wiederholt eine Fortdauer der Haft, jedesmal auf drei Monate angeordnet werden, aber jedesmal nur auf Grund einer erneuten Prüfung, ob die Voraussetzungen für die Anordnung einer Aufenthaltsbeschränkung noch vorliegen (§ 1), und auf Grund eines neuen schriftlichen Befehles. Näheres s. § 5.

e) Der einer Aufenthaltsbeschränkung Unterstellte kann ebenso wie der Verhaftete jederzeit einen Verteidiger hinzuziehen. Dasselbe Recht steht auch seinem gesetzlichen Vertreter zu. Der Kreis der für die Wahl als Verteidiger in Betracht kommenden Personen ist derselbe wie der für den Verhafteten geltende. Näheres s. § 7.

f) Auch bezüglich der Bestellung eines Verteidigers auf Antrag oder von Amts wegen gilt für den von der Aufenthaltsbeschränkung Betroffenen das Gleiche wie für den Verhafteten Hiernach muß insbesondere ein Verteidiger bestellt werden, wenn der im Aufenthalt Beschränkte die Bestellung nach zweiwöchiger Dauer der Beschränkung beantragt. Hierüber ist der Betroffene bei seiner richterlichen Vernehmung zu belehren. Näheres s. § 8.

g) Dem einer Aufenthaltsbeschränkung Unterstellten ist ebenso wie dem Verhafteten schriftlicher und mündlicher Verkehr mit dem Verteidiger gestattet. Auch darf sein Verteidiger Einsicht in die über die Aufenthaltsbeschränkung erwachsenen Akten nehmen. Näheres s. § 9.

h) Endlich sind auch der gesetzliche Vertreter eines im Aufenthalt Beschränkten und der Ehemann einer solchen als Beistand zuzulassen und auf ihr Verlangen zu hören. Näheres s. § 10.

6. Wie bereits bemerkt (Anm. 2), findet die Bestimmung des § 6, wonach auf die Vollstreckung der Haft die Vorschriften des § 116 StPO. entsprechend anzuwenden sind, auf die Aufenthaltsbeschränkungen keine Anwendung. Nach allgemeinen Grundsätzen hat aber auch bei der Anweisung eines bestimmten Aufenthalts-

ortes jeder Arbeitszwang und jede sonstige Beschränkung zu unterbleiben, die nicht zur Sicherung des Zweckes der Aufenthaltsbeschränkung erforderlich ist, z. B. eine Beschränkung in bezug auf den Besuch des Gottesdienstes, die tatsächlich in einem Falle vorgekommen ist, wo die Kirche in einem Nachbarorte lag. Ausführung des Berichterstatters der Kommission bei der ersten Beratung des Entwurfs im Reichstag, StenBer. S. 2080 D, 2081 A.

Anrechnung erlittener Haft auf eine erkannte Strafe.

§ 12.

Eine auf Grund dieses Gesetzes erlittene Haft kann in einem auf Strafe lautenden Urteil ganz oder teilweise zur Anrechnung gebracht werden.

1. Die Vorschrift war in dem vom Reichstag vorgelegten Initiativgesetzentwurfe nicht enthalten (Drucks. d. Reichst. Nr. 431); sie wurde vom Ausschuß zur Vorberatung des Entwurfes hinzugefügt (Drucks. d. Reichst. Nr. 496) und dann vom Reichstag in allen drei Beratungen unverändert angenommen. StenBer. S. 2081 C, S. 2082 C, S. 2083 A.

2. Die Bestimmung bildet eine Ergänzung zu § 60 RStGB., der lautet:

> **„Eine erlittene Untersuchungshaft kann bei Fällung des Urteils auf die erkannte Strafe ganz oder teilweise angerechnet werden."**

Im übrigen ist folgendes zu bemerken:

a) Nur eine vor Fällung des auf Strafe lautenden Urteils erlittene Haft kann angerechnet werden, eine nach Fällung des Urteils erlittene Haft kommt für die Anrechnung nicht in Betracht.

b) Eine Verpflichtung zur Anrechnung besteht für das auf Strafe erkennende Gericht nicht. Dieses entscheidet vielmehr nach freiem Ermessen, ob eine Anrechnung erfolgen soll und in welchem Umfange.

c) Die Vorschrift des § 482 Strafprozeßordnung — wonach auf die zu vollstreckende Strafe unverkürzt diejenige Untersuchungshaft anzurechnen ist, welche der Angeklagte erlitten hat, seit er auf Einlegung eines Rechtsmittels verzichtet oder das eingelegte Rechtsmittel zurückgenommen hat, oder seitdem die Einlegungsfrist abgelaufen ist, ohne daß er eine Erklärung abgegeben hat — findet hier keine Anwendung. Wie bereits bemerkt (s. S. 31), gelten die Bestimmungen der Strafprozeßordnung nicht ohne weiteres allgemein in bezug auf die nach dem neuen Gesetze verhängte Haft und nicht ohne weiteres für die in „Schutz- oder Sicherungshaft" befindlichen Personen. Vielmehr kommen hier nur die im Gesetze selbst ausdrücklich für anwendbar erklärten Vorschriften der Strafprozeßordnung zur Anwendung (s. §§ 6 und 7).

3. Unter der „Strafe", auf die die erlittene Haft angerechnet werden kann, ist sowohl zeitige Freiheitsstrafe als auch Geldstrafe zu verstehen.

4. Wenn das Gesetz sagt, daß eine auf Grund dieses Gesetzes erlittene Haft angerechnet werden kann in einem auf Strafe lautenden „Urteil", so wäre hierdurch, wollte man sich an den strengen Wortlaut halten, die Anrechnung der Haft auf eine gemäß §§ 447 ff. der Strafprozeßordnung durch richterlichen Strafbefehl festgesetzte Strafe ausgeschlossen. Dem Sinne des Gesetzes wird es aber entsprechen, wenn man die Anrechnung der Haft auch auf eine durch richterlichen Strafbefehl festgesetzte Strafe für zulässig erklärt. Das wird auch bei Anrechnung der Untersuchungshaft angenommen, obgleich § 60 RStGB., ebenso wie § 12, von einer durch „Urteil" erkannten Strafe spricht. S. Loewe, StPO. § 447 Anm. 2. Entsprechende Anwendung dieser Ansicht auf Schutz- oder Sicherungshaft erscheint durchaus zulässig und angebracht.

5. Daß die Strafe erkannt sei wegen derselben Tat, wegen deren die Haft auf Grund dieses Gesetzes angeordnet war, ist für die Anrechnung dieser Haft auf die erkannte Strafe nicht erforderlich. Einer zu weit gehenden Ausdehnung dieser Vorschrift und einer daraus sich ergebenden unberechtigten Anrechnung wird dadurch, daß das Gericht nach freiem Ermessen entscheidet (anrechnen „kann"), vorgebeugt werden.

6. Die Bestimmung des § 12 beschränkt sich auf die Anrechnung der Haft und findet auf die Aufenthaltsbeschränkung keine Anwendung. S. auch § 11 Anm. 2.

Entschädigungsanspruch.

§ 13.

Hebt das Reichsmilitärgericht die Haft oder Aufenthaltsbeschränkung auf, weil die Voraussetzungen ihrer Anordnung oder Aufrechterhaltung nicht gegeben waren, so hat es dem Geschädigten einen Entschädigungsanspruch zuzuerkennen.

Das Reichsmilitärgericht kann einen Entschädigungsanspruch auf Antrag auch in anderen Fällen zuerkennen, auch wenn es nicht selbst die Haft oder die Aufenthaltsbeschränkung aufgehoben hat.

Der Anspruch richtet sich, wenn die Anordnung der Haft oder der Aufenthaltsbeschränkung durch einen militärischen Befehlshaber oder einen Reichsbeamten erfolgt ist, gegen das Reich, in anderen Fällen gegen denjenigen Bundesstaat, dessen Beamter die Anordnung getroffen hat. Im übrigen gelten für diesen Anspruch und seine Durchführung die Bestimmungen des Reichsgesetzes vom 14. Juli 1904. Die erforderlichen Ausführungsbestimmungen erläßt der Bundesrat.

1. Die Vorschrift des § 13 war in dem Initiativgesetzentwurf nicht enthalten (s. Drucks. Nr. 431 d. Reichst., 13. Legisl. Per., II. Sess. 1914/16); sie wurde vom Ausschuß zur Vorberatung des Entwurfs hinzugefügt und vom Reichstag unverändert angenommen (Drucks Nr. 496, StenBer. d. Verh. d. Reichst. 13. Legisl.-Per. II. Sess. 1914/16 S. 2081 C, S. 2082 C, S. 2083 A. In der Drucksache Nr. 496 war Abs. 3 versehentlich fortgelassen worden. S. StenBer. S. 2081 B).

2. Durch die Bestimmung wird ein neuer Fall der gesetzlichen Entschädigung für erlittene Haft geschaffen. Ein gesetzlicher Anspruch auf Entschädigung bestand bisher nur wegen unschuldig erlittener Strafhaft auf Grund des Reichsgesetzes betreffend die Entschädigung der im Wiederaufnahmeverfahren freigesprochenen Personen vom 20. Mai 1898 (RGBl. S. 345 ff.) und wegen unschuldig erlittener Untersuchungshaft auf Grund des Reichsgesetzes vom 14. Juli 1904 (RGBl. S. 321 ff.). Wegen unschuldig erlittener Polizei- oder Sicherheitshaft war eine Entschädigung nur in dem besonderen Falle zuständig, wenn die Haft auf eine vorsätzliche oder fahrlässige Amtspflichtverletzung zurückzuführen ist. Maßgebend für die Frage, inwieweit den in Polizei- oder Sicherheitshaft Genommenen Entschädigungsansprüche gegen andere um deswillen zustehen, weil durch deren rechtswidrige Handlungen ihre Verhaftung herbeigeführt war, sind die Vorschriften des bürgerlichen Rechtes. BGB. §§ 823 ff. (§ 823 Abs. 1: „Wer vorsätzlich oder fahrlässig das Leben, den Körper, die Gesundheit, die Freiheit ... eines Anderen widerrechtlich verletzt, ist dem Anderen zum Ersatze des daraus entstehenden Schadens verpflichtet." Insbesondere kommen auch die die Ersatzpflicht der Beamten regelnden §§ 839, 840 mit 842, 845, 846, 847 in Betracht). Eine Entschädigung für eine Haft, die auf Grund des Kriegs- oder Belagerungszustandes verhängt war, konnte nach diesen Bestimmungen des BGB. kaum, jedenfalls nur in den seltensten Fällen, in Frage kommen, da der Militärbefehlshaber nach Verhängung des Belagerungs-

zustandes und Aufhebung der Verfassungsbestimmungen zum Schutze der persönlichen Freiheit zur Verhängung der Sicherheitshaft befugt war, soweit sie ihm nach pflichtmäßigem Ermessen im Interesse der öffentlichen Sicherheit geboten schien (6. Bericht der Kommission für die Petitionen, Drucks. Nr. 168 d. Reichst. 13. Legisl.-Per., II. Sess. 1914/15, S. 2). S. auch die Ausführungen 14.

3. Das neue Gesetz regelt nunmehr die Entschädigungsfrage unabhängig davon, ob auf Seiten desjenigen, der die Haft oder Aufenthaltsbeschränkung angeordnet hat, oder auf Seiten einer anderen, an der Verhaftung oder Aufenthaltsbeschränkung beteiligten Behörde ein Verschulden vorliegt.

Dabei unterscheidet das Gesetz von vornherein zwei Fälle, nämlich den Fall, daß ein Entschädigungsanspruch zuerkannt werden muß (Abs. 1) und zwar von Amtswegen, ohne daß es eines Antrages bedarf (s. Anm. 4) und zweitens den Fall, daß auf Antrag ein Entschädigungsanspruch zuerkannt werden kann (s. Anm. 5). In beiden Fällen aber werden Haft und Aufenthaltsbeschränkung bezüglich der Entschädigungsfrage gleichmäßig behandelt.

4. Zu Abs. 1.

a) Ein Entschädigungsanspruch muß zuerkannt werden, wenn das Reichsmilitärgericht selbst die Haft oder Aufenthaltsbeschränkung aus dem Grunde aufhebt, weil „die Voraussetzungen ihrer Anordnung oder Aufrechterhaltung nicht gegeben waren". Maßgebend ist in dieser Beziehung die Bestimmung in § 1 des Gesetzes, wonach die Anordnung der Haft oder einer Aufenthaltsbeschränkung durch die vollziehende Gewalt auf Grund des Kriegs- oder Belagerungszustandes nur dann zulässig ist, wenn sie zur Abwendung einer Gefahr für die Sicherheit des Reichs erforderlich ist. Näheres über die Voraussetzungen im einzelnen s. § 1 Anm. 6 und 7.

Dem Falle, daß die Voraussetzungen der Verhaftung oder Aufenthaltsbeschränkung von vornherein nicht gegeben waren, steht der Fall gleich, wenn die Voraussetzungen hinterher weggefallen sind. Ausführung des Berichterstatters der Kommission im Reichstag, StenBer. S. 2081 A.

Die Aufhebung kann sowohl auf Beschwerde des Verhafteten oder im Aufenthalte Beschränkten im Beschwerdeverfahren gemäß § 3 erfolgen als auch, ohne daß eine Beschwerde eingelegt ist, wenn nach dreimonatiger Dauer der Haft das Reichsmilitärgericht über ihre Fortbauer Entscheidung trifft. § 5 Abs. 2.

b) Der Entschädigungsanspruch ist dem „Geschädigten" zuzuerkennen. Voraussetzung ist also, daß durch die Haft oder Aufenthaltsbeschränkung überhaupt ein Schaden entstanden ist. Dabei ist besonders zu betonen, daß, ebenso wie in § 3 des Reichsgesetzes vom 14. Juli 1904 (s. Anm. 6), als Schaden nur der dem Verhafteten oder im Aufenthalt Beschränkten durch die Haft oder Aufenthaltsbeschränkung entstandene Vermögensschaden anzusehen ist. Sogenannter immaterieller oder ideeller Schaden, den der Verhaftete oder im Aufenthalt Beschränkte an seiner Ehre, Freiheit, Gesundheit oder durch seelische Schmerzen erlitten hat, kommt nicht in Betracht. Im übrigen ist als Schaden anzusehen jede Verschlechterung der wirtschaftlichen Lage, die sich in Geldwert ausdrücken läßt. Darauf, ob der Schaden die unmittelbare oder mittelbare Folge der Haft oder Aufenthaltsbeschränkung ist, kommt es nicht an; es ist der volle Ersatz des verursachten Schadens zu leisten, auch der mittelbar entstandene ist zu ersetzen. Bezüglich der näheren Feststellungen der Schadensersatzleistungen finden die Vorschriften des BGB. in §§ 249 bis 253 über den Umfang der Leistung bei Verpflichtung zum Schadensersatz Anwendung. Hiernach umfaßt die Entschädigung neben dem erlittenen Verlust auch den entgangenen Gewinn. Romen, Entschädigung für unschuldig erlittene Verhaftung und Bestrafung S. 55ff.

c) Die Zuerkennung des Entschädigungsanspruches seitens

des Reichsmilitärgerichts erfolgt durch Beschluß, nicht durch Urteil. Der Beifügung von Gründen bedarf es nicht.

Der Beschluß hat sich zu beschränken auf die Zuerkennung eines Entschädigungsanspruchs schlechthin; über Vorhandensein und Höhe des Schadens hat er sich nicht auszulassen. Die diesbezüglichen Entscheidungen und Festsetzungen über den näheren Inhalt des Anspruchs erfolgen gemäß Abs. 3 auf Antrag in besonderem Verfahren. S. §§ 2ff. der Bekanntmachung des Bundesrats vom 8. Februar 1917 (in Anm. 6b).

Das Reichsmilitärgericht hat in dem Beschluß über die Zuerkennung eines Entschädigungsanspruches den Berechtigten und Verpflichteten (Reich oder Bundesstaat) zu bezeichnen.

Der Beschluß ist nicht zu verkünden, aber beiden Teilen zuzustellen. § 1 der Bekanntmachung des Bundesrats vom 8. Februar 1917. S. Anm. 6b.

d) Bei der Beratung des Gesetzes war die Kommission sich darüber einig, daß dem Geschädigten neben dem vom Reichsmilitärgericht zuerkannten Entschädigungsanspruch auch etwa weitergehende und etwaige sonstige Ansprüche vorbehalten bleiben, die ihm auf Grund des allgemeinen bürgerlichen Rechtes zustehen könnten. Ausführung des Berichterstatters der Kommission im Reichstag, StenBer. S. 2081 A.

5. Zu Abs. 2. Außer dem in Abs. 1 angeführten Falle, wo, wie bemerkt, der Entschädigungsanspruch von Amts wegen zuerkannt werden muß, kann das Reichsmilitärgericht auch in anderen Fällen einen Entschädigungsanspruch zuerkennen, und zwar auch dann, wenn es nicht selbst die Haft oder die Aufenthaltsbeschränkung aufgehoben hat, die Aufhebung vielmehr von anderer Seite erfolgt ist (s. § 5 Anm. 3a). In diesen „anderen Fällen" aber erfolgt die Zuerkennung des Entschädigungsanspruchs nicht von Amtswegen, sondern stets nur auf Antrag des Geschädigten. Für die Anbringung dieses Antrags ist weder eine bestimmte Frist noch eine bestimmte Form vorgeschrieben. Der Antrag auf Zuerkennung eines Entschädigungsanspruchs kann sowohl

unmittelbar an das Reichsmilitärgericht, als auch an diejenige Stelle gerichtet werden, die die Verhaftung oder Aufenthaltsbeschränkung angeordnet hat. Diese würde ihn unverzüglich an das Reichsmilitärgericht abzugeben haben. Berechtigt sind zur Stellung des Antrages sind außer dem Verhafteten oder im Aufenthalt Beschränkten selbst auch die kraft Gesetzes Unterhaltsberechtigten. S. Anm. 6a. Auch der gesetzliche Vertreter des Verhafteten und der Ehemann einer Verhafteten werden für berechtigt zu erachten sein.

6. Zu Abs. 3.

a) Das in Abs. 3 in bezug genommene Reichsgesetz vom 14. Juli 1904 ist das „Gesetz betreffend die Entschädigung für unschuldig erlittene Untersuchungshaft" (RGBl. 1904, S. 321 ff.). S. Anhang S. 109 ff. (Eine ausführliche Erläuterung des Gesetzes enthält das Werk: Romen, Die Reichsgesetze betreffend die Entschädigung für unschuldig erlittene Verhaftung und Bestrafung. Berlin, J. Guttentag, Verlagsbuchhandlung.) Die Bestimmungen dieses Gesetzes sollen gelten für den „Anspruch und seine Durchführung".

Nach dieser allgemeinen Fassung kann es zweifelhaft sein, welche Bestimmungen des Gesetzes vom 14. Juli 1904 im einzelnen bezüglich des Anspruchs Anwendung finden sollen. Dies gilt zunächst von der Vorschrift in Abs. 2 des § 1, wonach außer dem Verhafteten auch diejenigen, denen gegenüber er kraft Gesetzes unterhaltspflichtig war, Anspruch auf Entschädigung haben. Sodann erhebt sich die Frage, ob auch die Vorschriften in § 2, wonach der Anspruch auf Entschädigung in gewissen Fällen ausgeschlossen ist, entsprechende, d. h. sinngemäße Anwendung (s. § 6 Anm. 2a) finden sollen. Endlich fragt es sich, ob auch § 3 des Gesetzes, der von dem Gegenstande des dem Verhafteten zu leistenden Ersatzes, von der Entschädigung für eine dem Erlasse des Haftbefehles vorhergegangene Vorführung oder vorläufige Festnahme sowie von dem Umfange des den Unterhaltsberechtigten zu leistenden Ersatzes handelt, entsprechend anzuwenden sind. Man wird nach dem Zweck und Sinn des Gesetzes diese Fragen bejahen und sich dafür entscheiden müssen, daß die angezogenen Vorschriften entsprechende Anwendung finden.

Wegen des Umfanges des zu ersetzenden Schadens s. das Nähere in Anm. 4b.

b) Die im Abs. 3 vorgesehenen Ausführungsbestimmungen des Bundesrats sind am 8. Februar 1917 erlassen worden und lauten:

Bekanntmachung,
betreffend die Entschädigung für Verhaftung oder Aufenthaltsbeschränkung auf Grund des Kriegszustandes und des Belagerungszustandes.

Der Bundesrat hat auf Grund des § 13 Abs. 3 des Gesetzes, betreffend die Verhaftung und Aufenthaltsbeschränkung auf Grund des Kriegszustandes und des Belagerungszustandes, vom 4. Dezember 1916 (Reichs-Gesetzbl. S. 1329) folgendes bestimmt:

§ 1.

Das Reichsmilitärgericht hat in dem Beschluß über die Zuerkennung eines Entschädigungsanspruchs den Berechtigten und Verpflichteten (Reich oder Bundesstaat) zu bezeichnen. Der Beschluß ist beiden Teilen zuzustellen.

§ 2.

Der Antrag auf die Entschädigung ist zur Vermeidung des Verlustes binnen sechs Monaten nach Zustellung des Beschlusses bei dem Militärbefehlshaber, der die Verhaftung oder Aufenthaltsbeschränkung angeordnet hat, in Fällen, in denen ein Reichs- oder Landesbeamter die Anordnung getroffen hat, bei der dem Beamten unmittelbar vorgesetzten Dienstbehörde anzubringen.

§ 3.

Über den Antrag entscheidet die oberste Militärverwaltungsbehörde des Kontingents, dem der Militärbefehlshaber zur Zeit der Anordnung angehörte; gehörte er der Marine an oder hat ein Reichsbeamter die Anordnung getroffen, so entscheidet die zuständige oberste Reichsbehörde, hat ein Landesbeamter die Anordnung getroffen, die Landeszentralbehörde.

§ 4.

Die im § 2 bezeichneten Stellen haben die erforderlichen Erhebungen anzustellen, sich gutachtlich zu äußern und die Akten der nach § 3 zur Entscheidung berufenen Stelle zu übermitteln.

§ 5.

Die nach § 3 getroffene Entscheidung ist dem Antragsteller nach den Vorschriften der Zivilprozeßordnung zuzustellen.

§ 6.

Gegen die Entscheidung ist Berufung auf den Rechtsweg zulässig. Die Klage ist binnen einer Ausschlußfrist von drei Monaten nach Zustellung der Entscheidung zu erheben. Für die Ansprüche auf Entschädigung sind die Zivilkammern der Landgerichte ohne Rücksicht auf den Wert des Streitgegenstandes ausschließlich zuständig.

§ 7.

Bis zur rechtskräftigen Entscheidung über den Antrag ist der Anspruch nicht übertragbar.

Berlin, den 8. Februar 1917.

Der Stellvertreter des Reichskanzlers.

Dr. Helfferich.

c) Hierzu ist folgendes zu bemerken:

1. Zu § 1. Die Zustellung hat zu erfolgen nach den Vorschriften der Zivilprozeßordnung §§ 166ff.

2. Zu § 2. Die Vorschrift ist der Bestimmung in Abs. 1 des § 6 des Gesetzes vom 14. Juli 1904 nachgebildet. Bezüglich der Form des Antrags enthält das Gesetz auch hier keine Vorschriften; ebenso ist über den Inhalt nichts Näheres bestimmt. Es genügt daher, wenn der Berechtigte innerhalb der Frist von sechs Monaten nach Zustellung des Beschlusses auf dem vorgeschriebenen Wege seinen Willen kundgibt, überhaupt einen Anspruch geltend zu machen. Romen, Entschädigung § 6 Anm. 1e.

Die Frist von sechs Monaten zur Stellung des Antrages auf die Entschädigung beginnt zu laufen mit der Zustellung des die Entschädigungspflicht aussprechenden Beschlusses an den Berechtigten. Die Frist ist eine Ausschlußfrist im Sinne des bürgerlichen Rechtes. Sind die sechs Monate verstrichen, ohne daß der Anspruch geltend gemacht wurde, so ist dieser verloren. Wiedereinsetzung in den vorigen Stand gegen die Versäumung der Frist ist ausgeschlossen. Näheres . Romen, Entschädigung § 6 Anm. 1c und d.

3. Zu § 3. Die zur Entscheidung zuständigen „obersten Militärverwaltungsbehörden" sind die Kriegsministerien der betreffenden Kontingente oder die jenen in dieser Beziehung gleichstehenden Behörden, das sind in Mecklenburg-Schwerin das „Militärdepartement", in Mecklenburg-Strelitz das „Militärkollegium". Für die Marine ist zuständig der Reichskanzler (Reichs-Marineamt).

4. Zu § 4. Die vorgeschriebene „gutachtliche Äußerung" hat sich insbesondere darauf zu erstrecken, ob der Antrag auf Entschädigung gemäß § 2 rechtzeitig angebracht ist, sowie ob und in welcher Höhe ein zu ersetzender Schaden (Vermögensnachteil, s. Anm. 4b) entstanden ist. Erforderlichenfalls sind hierüber vorher Erhebungen anzustellen.

5. Zu § 5. Die Vorschrift entspricht der Bestimmung in § 6 Abs. 2 des Gesetzes vom 14. Juli 1904, jedoch ist dort ausdrücklich vorgeschrieben, daß dem Antragsteller eine „Ausfertigung" der Entscheidung zuzustellen ist. Da nach dem neuen Gesetze für den Anspruch und seine Durchführung die

Bestimmungen des Gesetzes vom 14. Juli 1904 zu gelten haben, wird auch von der nach § 3 getroffenen Entscheidung eine Ausfertigung zuzustellen sein. Die Zustellung erfolgt nach den Vorschriften in §§ 166 ff. ZPrO. (§ 170 ZPrO.: „Die Zustellung besteht, wenn eine Ausfertigung zugestellt werden soll, in deren Übergabe, in den übrigen Fällen in der Übergabe einer beglaubigten Abschrift des zuzustellenden Schriftstücks").

6. Zu § 6. Die Bestimmung ist eine wörtliche Wiedergabe der Vorschrift in § 6 Abs. 3 des Gesetzes vom 14. Juli 1904.

Die Berufung auf den Rechtsweg erfolgt durch Erhebung einer Zivilklage. Der Rechtsweg darf aber immer erst beschritten werden, nachdem gemäß § 3 eine Entscheidung ergangen und diese gemäß § 5 zugestellt worden ist; vorher ist die Erhebung der Zivilklage unzulässig. Es heißt im Gesetz: „Gegen die Entscheidung ist die Berufung auf den Rechtsweg zulässig. Die Klage ist binnen drei Monaten nach Zustellung der Entscheidung zu erheben."

Die zur Erhebung der Klage gestellte Frist von drei Monaten ist ebenso wie die in § 2 für die Stellung des Antrags auf die Entschädigung gegebene sechsmonatige eine Ausschlußfrist. Es gilt das in Anm. 6c 2 Gesagte.

Die Klage ist allgemein „gegen die Entscheidung" zulässig; sie kann sich daher sowohl gegen die ganze Ablehnung des Antrags auf Entschädigung als auch gegen die Höhe der zugebilligten Entschädigung richten.

Im übrigen vgl. hierzu die Ausführungen in Romen, Entschädigung § 6 Anm. 3.

7. Zu § 7. Die Bestimmung entspricht der Vorschrift in § 6 Abs. 4 des Gesetzes vom 14. Juli 1904.

„Rechtskräftig" ist über den Antrag dann entschieden, wenn entweder die in § 6 für die Erhebung der Klage vorgeschriebene Ausschlußfrist von drei Monaten verstrichen ist, ohne daß Klage erhoben wurde, oder wenn auf die gemäß § 6 erhobene Zivilklage das Urteil nach den Vorschriften der ZPrO. (§ 705) rechtskräftig geworden ist.

Die Unübertragbarkeit der Forderung schließt auch deren Unpfändbarkeit in sich. Näheres s. Romen a. a. O. Anm. 4b. Die trotz des Verbotes vorgenommene Veräußerung (Übertragung, Verpfändung usw.) ist gemäß § 134 BGB. nichtig.

Schlußbemerkungen.

1. Über die Kosten enthält das Gesetz keine Bestimmung. Auch die Vorschriften in § 497 Strafprozeßordnung und § 469 Militärstrafgerichtsordnung sind mangels einer diesbezüglichen Bestimmung nicht analog anwendbar. Demnach hat der Fiskus die Kosten zu tragen, und zwar, wenn die Haft oder Aufenthaltsbeschränkung durch einen militärischen Befehlshaber des Heeres angeordnet ist, die Kasse desjenigen Kontingents, dem der Militärbefehlshaber angehört, wenn die Anordnung getroffen ist von einem Befehlshaber der Marine, die Reichskasse; wenn ein Reichsbeamter die Anordnung getroffen hat, ebenfalls die Reichskasse, und wenn ein Landesbeamter sie verhängt hat, die Kasse des betreffenden Bundesstaates.

2. Das Gesetz hat an sich keine rückwirkende Kraft; man wird aber dennoch insbesondere die Bestimmungen über das Beschwerderecht, über die Vollstreckung der Haft, über die Nachprüfung ihrer Rechtmäßigkeit, über die Aufhebung und Erneuerung der Haft, Zulassung der Verteidigung und insbesondere auch über Zubilligung einer Entschädigung auch auf die vor dem Inkrafttreten des Gesetzes (20. Dezember 1916) verhängte Haft oder Aufenthaltsbeschränkung, sofern sie nach dessen Inkrafttreten noch fortdauert, anwenden müssen. So auch namentlich der Vertreter der verbündeten Regierungen Oberst v. Wrisberg und der Abgeordnete Groeber in der Reichstagssitzung vom 23. Februar 1917 (StenBer. des Reichst., 82. Sitzung, S. 2349 C, S. 2351 D).

C. Anhang.

Gesetz, betreffend die Entschädigung für unschuldig erlittene Untersuchungshaft.*)

Vom 14. Juli 1904 (RGBl. S. 321).

§ 1.

Personen, die im Strafverfahren freigesprochen oder durch Beschluß des Gerichts außer Verfolgung gesetzt sind, können für erlittene Untersuchungshaft Entschädigung aus der Staatskasse verlangen, wenn das Verfahren ihre Unschuld ergeben oder dargetan hat, daß gegen sie ein begründeter Verdacht nicht vorliegt.

Außer dem Verhafteten haben diejenigen, denen gegenüber er kraft Gesetzes unterhaltspflichtig war, Anspruch auf Entschädigung.

§ 2.

Der Anspruch auf Entschädigung ist ausgeschlossen, wenn der Verhaftete die Untersuchungshaft vorsätzlich herbeigeführt

*) Eine ausführliche Erläuterung des Gesetzes enthält: Romen, „Die Reichsgesetze, betreffend die Entschädigung für unschuldig erlittene Verhaftung und Bestrafung". Berlin, Verlag von J. Guttentag. (Guttentagsche Sammlung Deutscher Reichsgesetze Nr. 73).

oder durch grobe Fahrlässigkeit verschuldet hat. Die Versäumung der Einlegung eines Rechtsmittels ist nicht als eine Fahrlässigkeit zu erachten.

Der Anspruch kann ausgeschlossen werden, wenn die zur Untersuchung gezogene Tat des Verhafteten eine grobe Unredlichkeit oder Unsittlichkeit in sich geschlossen hat oder in einem die freie Willensbestimmung ausschließenden Trunkenheitszustande begangen worden ist oder wenn aus den Tatumständen erhellt, daß der Verhaftete die Verübung eines Verbrechens oder Vergehens vorbereitet hatte.

Der Anspruch kann auch dann ausgeschlossen werden, wenn der Verhaftete zur Zeit der Verhaftung sich nicht im Besitze der bürgerlichen Ehrenrechte befand oder unter Polizeiaufsicht stand oder wenn gegen den Verhafteten auf Grund des § 181a oder des § 362 des Strafgesetzbuches innerhalb der letzten zwei Jahre auf Überweisung an die Landespolizeibehörde rechtskräftig erkannt worden ist. Das Gleiche gilt, wenn der Verhaftete mit Zuchthaus bestraft worden ist und seit der Verbüßung der Strafe drei Jahre noch nicht verflossen sind.

(§ 181a RStGB. ist der sog. „Zuhälterparagraph".

§ 362 RStGB. bestimmt, unter welchen Voraussetzungen die nach § 361 Nr. 3 bis 8 — wegen Landstreicherei, Bettelns, Müßiggang, gewerbsmäßiger Unzucht, Arbeitsscheu, Obdachlosigkeit — Verurteilten der Landespolizeibehörde überwiesen werden können.)

§ 3.

Gegenstand des dem Verhafteten zu leistenden Ersatzes ist der für ihn durch die Untersuchungshaft entstandene Vermögensschaden. Hat vor dem Erlasse des Haftbefehls eine Vorführung oder eine vorläufige Festnahme stattgefunden, so erstreckt sich der Entschädigungsanspruch auch auf die dem Haftbefehle vorausgegangene Zeit der Haft.

Unterhaltsberechtigten ist insoweit Ersatz zu leisten, als ihnen durch die Verhaftung der Unterhalt entzogen worden ist.

§ 4.

Über die Verpflichtung der Staatskasse zur Entschädigung wird von dem Gerichte gleichzeitig mit seinem den Verhafteten freisprechenden Urteile durch besonderen Beschluß Bestimmung getroffen.

Wird auf ein gegen das Urteil eingelegtes Rechtsmittel von neuem auf Freisprechung erkannt, so ist von dem erkennenden Gerichte nach Maßgabe des Abs. 1 von neuem Beschluß zu fassen.

Der Beschluß ist nicht zu verkünden, sondern durch Zustellung bekannt zu machen, sobald das freisprechende Urteil rechtskräftig geworden ist. Er unterliegt nicht der Anfechtung durch Rechtsmittel. Wird die Entschädigungsverpflichtung der Staatskasse ausgesprochen, so soll der Beschluß auch den Unterhaltsberechtigten, die nicht dem Hausstande des Verhafteten angehören, mitgeteilt werden, sofern ihr Aufenthalt dem Gerichte bekannt ist.

Diese Vorschriften finden entsprechende Anwendung, wenn der Verhaftete durch Beschluß des Gerichts außer Verfolgung gesetzt wird.

§ 5.

Der die Entschädigungsverpflichtung der Staatskasse aussprechende Beschluß tritt außer Kraft, wenn zu Ungunsten des Freigesprochenen die Wiederaufnahme des Verfahrens angeordnet oder wenn gegen den außer Verfolgung Gesetzten nach Wiederaufnahme der Klage das Hauptverfahren eröffnet wird. War die Entschädigung schon gezahlt, so kann das Gezahlte zurückgefordert werden.

§ 6.

Wer auf Grund des die Entschädigungsverpflichtung der Staatskasse aussprechenden Beschlusses einen Anspruch geltend macht, hat diesen Anspruch bei Vermeidung des Verlustes binnen sechs Monaten nach Zustellung des Beschlusses durch Antrag bei der Staatsanwaltschaft des Landgerichts zu verfolgen, in dessen Bezirke das Verfahren in erster Instanz anhängig war.

Über den Antrag entscheidet die oberste Behörde der Landesjustizverwaltung. Eine Ausfertigung der Entscheidung ist dem Antragsteller nach den Vorschriften der Zivilprozeßordnung zuzustellen.

Gegen die Entscheidung ist die Berufung auf den Rechtsweg zulässig. Die Klage ist binnen einer Ausschlußfrist von drei Monaten nach Zustellung der Entscheidung zu erheben. Für die Ansprüche auf Entschädigung sind die Zivilkammern der Landgerichte ohne Rücksicht auf den Wert des Streitgegenstandes ausschließlich zuständig.

Bis zur rechtskräftigen Entscheidung über den Antrag ist der Anspruch nicht übertragbar.

§ 7.

Die Entschädigung wird aus der Kasse des Bundesstaats gezahlt, bei dessen Gerichte das Strafverfahren in erster Instanz anhängig war.

Bis zum Betrage der geleisteten Entschädigung tritt die Kasse in die Rechte ein, welche dem Entschädigten gegen Dritte um deswillen zustehen, weil durch deren rechtswidrige Handlungen die Untersuchungshaft herbeigeführt war.

§ 8.

Ist zu Ungunsten des Freigesprochenen die Wiederaufnahme des Verfahrens beantragt oder gegen den außer Verfolgung Gesetzten die Klage wieder aufgenommen worden, so kann die Entscheidung der obersten Behörde der Landesjustizverwaltung (§ 6 Abs. 2) sowie die Zahlung der Entschädigung (§ 7 Abs. 1) ausgesetzt werden.

§ 9.

In den zur Zuständigkeit des Reichsgerichts in erster Instanz gehörigen Sachen ist statt der Staatskasse die Reichskasse ersatzpflichtig.

In diesen Fällen tritt an die Stelle der Staatsanwaltschaft des Landgerichts die Staatsanwaltschaft bei dem Reichsgericht, an die Stelle der obersten Behörde der Landesjustizverwaltung der Reichskanzler.

§ 10.

Dieses Gesetz findet auf die im militärgerichtlichen Verfahren freigesprochenen Personen entsprechende Anwendung. An die Stelle der Staatskasse tritt im Heere die Kasse desjenigen Kontingents, bei dessen Gerichte das Strafverfahren in erster Instanz anhängig war, in der Marine die Reichskasse. Statt der Staatsanwaltschaft des Landgerichts ist der Gerichtsherr erster Instanz, statt der obersten Behörde der Landesjustizverwaltung die oberste Militär- oder Marinejustizverwaltungsbehörde zuständig.

§ 11.

In den zur Zuständigkeit der Konsulargerichte gehörigen Sachen findet dieses Gesetz mit folgenden Maßgaben Anwendung:

An die Stelle der Staatsanwaltschaft des Landgerichts tritt der Konsul. Für die Ansprüche auf Entschädigung ist das Reichsgericht in erster und letzter Instanz zuständig.

§ 12.

Die Vorschriften dieses Gesetzes finden auf Angehörige eines auswärtigen Staates nur insoweit Anwendung, als nach einer im Reichsgesetzblatt enthaltenen Bekanntmachung durch die Gesetzgebung dieses Staates oder durch Staatsvertrag die Gegenseitigkeit verbürgt ist.

Sachregister.

(Die Zahlen bedeuten die Seiten.)

A.

B.

C.

(Siehe K.)

D.

E.

F.

G.

H.

I.

S.

Druck von A. W. Hayn's Erben (Curt Gerber), Potsdam.

Guttentagsche Sammlung

Deutscher Reichsgesetze.

Text-Ausgaben mit Anmerkungen. Taschenformat.

Nr. 1. **Verfassung des Deutschen Reichs.** Von Dr **L. von Rönne. 10. Aufl.** von Landrat **P. v. Rönne** und Reg.Assessor **v. Dobbeler. — 1912.** 3,— *M*

Nr. 2. **Strafgesetzbuch** für das Deutsche Reich nebst 20 der wichtigsten strafrechtl. Nebengesetze. Von Prof. Dr **Fr. v. Liszt** und Prof. Dr **E. Delaquis. 24. Aufl. — 1914.** 3,40 *M*

Nr. 3. **Militärstrafgerichtsordnung** nebst Einführungsgesetz. Von Wirkl. Geh. Kriegsrat Dr **A. Romen** und Kriegsgerichtsrat Dr **C. Rissom. — 1910.** 6,50 *M*

Nr. 4. **Handelsgesetzbuch vom 10. Mai 1897** unter Ausschluß des Seerechts. **15. Aufl.** Herausgegeben von Geh. J.Rat Prof. Dr **A. Mosse.** 8°. **— 1915.** 6,50 *M*

Nr. 5. **Wechselordnung vom 3. Juni 1908.** Kommentar von Justizrat Dr **J. Stranz** und Rechtsanwalt Dr **M. Stranz,** und das **Wechselstempelgesetz vom 15. Juli 1909** von Geh. Reg.Rat **P. Loeck. 11. Aufl. — 1913.** 4,50 *M*

Nr. 5a. **Wechselstempelgesetz** apart. **11. Aufl. — 1913.** 1,80 *M*

Nr. 6. **Reichsgewerbeordnung** nebst Ausführungsbestimmungen. **19. Aufl.** von Stadtrat Dr **K. Flesch,** Dr **Fr. Hiller** und Dr **H. Luppe. — 1915.** 5,50 *M*

Nr. 7. **Post- und Telegraphen-Gesetzgebung.** Nebst Weltpostvertrag und Internationalem Telegraphenvertrag. **6. Aufl.** von Geh. Ob.Postrat Dr **M. König. — 1908.** 4,50 *M*

Nr. 8. Die Reichsgesetze über den **Unterstützungswohnsitz, Freizügigkeit, Reichs- und Staatsangehörigkeit.** Von Geh.Rat Dr **J. Krech. 8. Aufl. — 1913.** 4,— *M*

Guttentagsche Sammlung Deutscher Reichsgesetze.

Nr. 9. Sammlung **kleinerer strafrechtlicher Reichsgesetze.** Von Prof. Dr **R. H. Kriegsmann. 3. Aufl. — 1910.** 4,50 ℳ

Nr. **10.** Das **Reichsbeamtengesetz** vom 31 März 1873. Von **J. Pieper. — 2. Aufl. 1901.** 5,— ℳ

Reichsbeamtengesetz von **1907,** siehe Nr. **82.**

Nr. **11. Zivilprozeßordnung mit Gerichtsverfassungsgesetz.** Von **R. Sydow.** Fortgeführt von Reichs-G.Rat **L. Busch. 14. Aufl.** mit Nachtrag, Novellen vom 9. Sept. 1915 u. 18. Mai 1916. **8°. — 1913.** 9,— ℳ

Nr. **12. Strafprozeßordnung und Gerichtsverfassungsgesetz** nebst den Gesetzen, betr. die Entschädigung der im Wiederaufnahmeverfahren freigesprochenen Personen und die Entschädigung für unschuldig erlittene Untersuchungshaft. Von Reichs-G.Rat Dr **A. Hellweg. 16. Aufl.,** bearbeitet von Prof. Dr **Kohlrausch.** Mit Nachtrag, enth. die Bekanntmachung über die Entlastung der Strafgerichte. — **1912.** 3,40 ℳ

Nr. **13. Konkursordnung und Anfechtungsgesetz.** Von **R. Sydow.** Fortgeführt von **L. Busch. 12. Aufl. — 1916.** 4,20 ℳ

Nr. **14. Gerichtsverfassungsgesetz** mit Einführungsgesetz. Herausgegeben von **R. Sydow.** Fortgeführt von **L. Busch. 9. Aufl. — 1905.** 1,80 ℳ

Nr. **15. Das Deutsche Gerichtskostengesetz** nebst den Gebührenordnungen für Gerichtsvollzieher, Zeugen und Sachverständige. Von **R. Sydow.** Bearbeitet von **L.** und **A. Busch. 9. Aufl.** mit Nachtrag, enth. die Novelle vom 10. Juni 1914. **1912.** 3,— ℳ

Nr. **16. Rechtsanwaltsordnung.** Von **R. Sydow. 5. Aufl.** von Justizrat **M. Jacobsohn.** Mit Nachtrag, enth. die Bestimmungen vom 22. Mai 1910. — **1907.** 1,50 ℳ

Nr. **17.** Die **Deutsche Gebührenordnung für Rechtsanwälte und das Preußische Gebührengesetz** vom 27. IX. / 6. X. 1899.

Von **R. Sydow.** Fortgeführt von **L.** und **A. Busch. 11. Aufl.** Mit Nachtrag, enth. die Bestimmungen vom 8. Nov. 1916. — **1914.** 3,40 *M*

Nr **18. Reichsstempelgesetz** vom 3. Juli 1913. (Börsen-, Lotterie-, Frachturkunden-, Fahrkarten-, Kraftfahrzeug-, Tantieme-, Scheck- und Grundstücksübertragungssteuer.) Mit den gesamten Ausführungsbestimmungen. **12. Aufl.** von Geh. Reg.-Rat **P. Loeck**, mit Nachtrag, enth. das **Frachturkunden-** und **Warenumsatzstempelgesetz** vom 17. und 26. Juni 1916. — **1914. 8⁰.** 10,— *M*

Nachtrag einzeln 1,50 *M*

Nr. **19.** Die **Seegesetzgebung.** Von Dr **W. E. Knitschky. 5. Aufl.** bearbeitet von Ober-L.G.Rat **O. Rudorff.** — **1913.** 8,50 *M*

Nr. **20. Krankenversicherungsgesetz (1883).** Von weil. Dr **E. von Woedtke.** — Neue Fassung **(1911)**, siehe **Nr. 107.**

Nr. **21.** Die **Konsulargesetzgebung.** Von Prof. Dr **Ph. Zorn. 3. Aufl.** von Dr **A. Zorn.** — **1911.** 5,— *M*

Nr **22. Patentgesetz.** Nebst Ausführungsbestimmungen, völkerrechtlichen Verträgen und der Patentanwalts-Ordnung. **7. Aufl.** bearbeitet von **R. Lutter**, Geh. Reg.Rat im Kaiserl. Patentamt — **1908.** 3,20 *M*

Nr **23. Gewerbe-Unfallversicherungsgesetz. (1884.)** Von weil Dr **E. v. Woedtke.** — Neue Fassung **(1911)**, siehe **Nr. 108.**

Nr. **24. Aktiengesellschaft und Kommanditgesellschaften auf Aktien.** Von Dr **H. Keyßner** und Dr **H. Veit Simon. 6. Aufl.** von Amtsrichter **L. Keyßner. 1911.** 3,40 *M*

Nr **25. Brausteuergesetz** vom 15. Juli 1909 Von Oberzollrevisor **A. Düffe. 2. Aufl.** - **1910.** 3,40 *M*

Nr. **26.** Die Reichsgesetzgebung über **Münz- und Notenbankwesen**, Papiergeld, Prämienpapiere und Reichsschulden. Von Dr **R. Koch. 6. Aufl.** — **1910.** 4,50 *M*

Nr. 27. **Gesundheitswesen im Deutschen Reich.** Von Dr. jur **E. Goesch** und Dr. med **J. Karsten.** – **1888.** 2, – *M*

Nr. 28. Bau-Unfallversicherungsgesetz. Vom 30. Juni 1900. Von **R. Chrzescinski.** Neue Fassung **(1911)**, siehe Nr **108.**

Nr. 29. **Erwerbs- und Wirtschaftsgenossenschaften.** Von **L. Parisius** und Dr. **H. Crüger. 15. neu bearb. Aufl.** von Dr. **H. Crüger.** – **1916.** 3, – *M*

Nr **30. Invalidenversicherungsgesetz** (1899). Von weil Dr. **E. v. Woedtke.** Neue Fassung **(1911)**, siehe Nr. **109.**

Nr. **31. Gewerbegerichtsgesetz.** Von Stadtrat **L. Mugdan. 7. Aufl.** bearbeitet von Oberbürgermeister **W. Cuno. 1911.** 2 80 *M*

Nr. **32.** Reichsgesetz, betr die **Gesellschaften mit beschränkter Haftung.** Von **L. Parisius** und Dr. **H. Crüger. 13. Aufl.** von Dr. **H. Crüger.** – **1914.** 2 40 *M*

Nr **33. Vereins- und Versammlungsrecht.** Von Dr. **E. Ball. 2. Aufl.** von Dr. **F. Friedenthal.** – **1907.** 2 80 *M*

Reichs-Vereinsgesetz vom 19. April 1908, siehe Nr **88.**

Nr. **34.** Die **Abzahlungsgeschäfte.** Gesetz vom 16 Mai 1894 **3. Aufl.** von Land-G.Rat Dr. **E. Wilke. 1910.** 1 60 *M*

Nr. **35.** Die **Reichs-Eisenbahngesetzgebung.** Von Kaiserl Amtsrichter **W. Coermann.** – **1895.** 2 60 *M* S auch Nr **66.**

Nr. **36.** Gesetze, betr. die **privatrechtlichen Verhältnisse der Binnenschiffahrt und der Flößerei.** Von Geh J Rat **E. Löwe. 5. Aufl.** – **1915.** 4 – *M*

Nr **37.** Gesetz gegen den **unlauteren Wettbewerb.** Von Justizrat **A. Pinner. 6. Aufl.** – **1912.** 1 80 *M*

Nr. **38/39. Bürgerliches Gesetzbuch nebst Einführungsgesetz** von Dr **A. Achilles.** In Verbindung mit Prof. Dr **André,** Kammer-G.Rat **Ritgen,** Reichs-G.Rat Dr **Strecker,** Staatsrat Dr **v. Unzner.** Herausgegeben von Wirkl. Geh. Ob.J.Rat u. Ober-L.G.Präsident **Greiff. 8.** vermehrte **Aufl. 8°** — **1916.** 10,— ℳ

Nr. **40.** Gesetz, betr. die **Pflichten der Kaufleute bei Aufbewahrung fremder Wertpapiere [Depotgesetz].** Von Min.-Dir. **F. Lusensky. 3. Aufl.** — **1916.** 2,50 ℳ

Nr. **41. Börsengesetz.** Von Wirkl. Geh.Ob.Reg.Rat **Th. Hemptenmacher. 3. Aufl.** von Syndikus **O. Meyer.** — **1915.** 4,— ℳ

Nr. **42. Grundbuchordnung** nebst den preuß. Ausf.-Bestimmungen. Von Prof. Dr **O. Fischer. 6. Aufl.** mit Nachtrag, enth. die Ergänzungen. — **1913.** 2,25 ℳ

Nr. **43. Zwangsvollstreckung in das unbewegliche Vermögen** im Reiche und in Preußen. Kosten- und Gebührentabellen. Von Dr **J. Krech** u. Dr **O. Fischer. 8. Aufl.** bearbeitet von Prof. Dr **O. Fischer.** — **1916.** 3,— ℳ

Nr. **44.** Das Reichsgesetz über das **Auswanderungswesen.** Von Prof. Dr **F. Stoerk.** — **1899.** 2,50 ℳ

Nr. **45.** Das **Entmündigungsrecht** mit den für Preußen geltenden Vorschriften nebst Just.-Min.-Verfügung vom 28. Nov. 1899. Von Land-G.Rat Dr **P. Koll.** — **1900.** 1,80 ℳ

Nr **46.** Die Gesetze des Reiches und Preußens über die **freiwillige Gerichtsbarkeit.** Von Amts-G.Rat **H. Jastrow. 5. Aufl.** — **1911.** 4,— ℳ

Nr. **47.** Das **deutsche Vormundschaftsrecht** [und das preuß. Gesetz über die Fürsorgeerziehung Minderjähriger nebst den dazu gehörigen preuß. Nebengesetzen. Von Ober-Verw.G.Rat **M. Schultzenstein** u. Amts-G.Rat Dr **P. Köhne. 2. Aufl.** — **1901.** 3,40 ℳ

Nr. **48.** Gesetze, betr. den **Drogen-, Gift- und Farbenhandel** außerhalb der Apotheken. Von Dr **J. Broh.** — **1899.** 1,50 M

Nr. **49.** Deutsche **Kolonialgesetzgebung.** Von Geh. J.Rat Prof. Dr **Ph. Zorn. 2. Aufl.** von G.Assessor Dr **Sassen.** — **1913.** 8,— M

Nr. **50.** Der **Viehkauf [Viehgewährschaft] nach dem BGB.** Verordnung betr. die Hauptmängel und Gewährsfristen beim Viehhandel. Von Rechtsanwalt Dr **H. Stölzle** und Königl. Reg.- u. Vet.Rat **H. Weiskopf. 5. Aufl.** — **1913.** 6,50 M

Nr. **51. Hypothekenbankgesetz** vom 13. Juli 1899. Von Dr **H. Göppert. 2. Aufl.** bearbeitet von Geh. Reg.Rat Dr **Seidel. 1911.** — 2,60 M

Nr. **52.** Gesetz, betr. die gemeinsamen **Rechte der Besitzer von Schuldverschreibungen.** Von Dr **H. Göppert. 2. Aufl.** bearbeitet von Amtsrichter Dr **E. Trendelenburg.** — **1915.** 2,— M

Nr. **53. Reichspreßgesetz** vom 7. Mai 1874. Mit Kommentar von Bürgermeister **A. Born. 2. Aufl.** — **1911.** 2,40 M

Nr. **54.** Die Reichsgesetzgebung über den Verkehr mit **Nahrungsmitteln, Genußmitteln** und **Gebrauchsgegenständen.** Von Dr **G. Lebbin,** Nahrungsmittelchemiker in Berlin. — **1900.** 2,50 M

Nr. **55.** Das Recht der **Beschlagnahme von Lohn- und Gehaltsforderungen.** Von Justizrat **G. Meyer. 5. Aufl.** — **1914.** 3,— M

Nr. **56.** Gesetz, betr. die **Bekämpfung gemeingefährlicher Krankheiten.** Nebst Ausf.-Bestimmungen. Von Reg.Rat Dr **B. Burkhardt.** — **1900.** 1,60 M

Nr. **57. See-Unfallversicherungsgesetz (1887).** Von Ober-L.G.Rat Dr **M. Mittelstein.** — Neue Fassung **1911,** siehe Nr. **108.**

Nr. **58. Das Recht der unehelichen Kinder nach dem BGB.** Von Amts-G.Rat. **H. Jastrow.** - **1901.** 2,— *M*

Nr. **59.** Reichsgesetz über die **Beurkundung des Personenstandes und die Eheschließung.** Von Amts-G.Rat Dr **F. Fidler. 2. Aufl.** – **1912.** 2,80 *M*

Nr. **60.** Gesetz, betr. das **Urheberrecht an Werken der Literatur und der Tonkunst.** Von Geh. Ob.J.Rat **O. Lindemann. 3. Aufl.** – **1910.** 1,80 *M*

Nr. **61.** Gesetz über das **Verlagsrecht.** Von Rechtsanwalt Dr **B. Marwitz. 2. Aufl.** - **1911.** 2,— *M*

Nr. **62.** Gesetz über **private Versicherungsunternehmungen.** Von Reichs-G.Rat **H. Könige. 2. Aufl.** — **1910.** 4,50 *M*

Nr. **63. Gesetzestafel des Deutschen Reichsrechts.** Systematisch geordnete Nachweisung des z. Z. geltenden Reichsrechts. Von **H. Bruhns. 2. Aufl.** – **1913.** 4, - *M*

Nr. **64.** Gesetzsammlung betr. den **Handel mit Drogen und Giften.** Mit Anhang: landesgesetzliche Verordnungen sämtlicher Bundesstaaten. Von Rechtsanwalt **H. Sonnenfeld,** Syndikus der Berliner Drogisten-Innung. **2. Aufl.** — **1912.** 4,50 *M*

Nr. **65.** Das **Weingesetz** in der Fassung von 1909. Mit Ausf.-Bestimmungen von Dr **G. Lebbin,** Nahrungsmittelchemiker. **2. Aufl.** - **1909.** 2,80 *M*

Nr. **66.** Die **Eisenbahn-Gesetzgebung.** Von **W. Pietsch,** Rechn.Rat im Reichseisenbahnamt. **2. Aufl.** – **1913.** 4,— *M*

Nr. **67. Militär-Strafgesetzbuch für das Deutsche Reich.** Von Wirkl. Geh. Kriegsrat Dr **A. Romen** und Kriegsgerichtsrat Dr **C. Rissom. 2. Aufl.** – **1916.** 10,— *M*

Nr. **68.** Das **Fleischbeschaugesetz.** Vom 3. Juni 1900. Von Dr **G. Lebbin** u. Dr **G. Baum.** – **1903.** 4,50 *M*

Nr. **69.** Reichsgesetz über die **Naturalleistungen der bewaffneten Macht im Frieden** nebst den preußischen Bestimmungen. Von Dr. **W. v. Hippel. 1903.** 1,60 *M*

Nr. **70.** Das **Reichs-Haftpflichtgesetz** vom 7 Juni 1871. Von Reg.Rat Dr. **G. Eger. 1903.** Vergriffen.

Nr. **71.** Gesetz betr. **Kinderarbeit in gewerblichen Betrieben** vom 30. März 1903. Von Ober-Verw G Rat **H. Spangenberg. 2. Aufl. 1904.** 1 80 *M*

Nr. **72. Unfallversicherungsgesetz für Land- und Forstwirtschaft.** (1886). Von weil. Dr. **E. v. Woedtke.** Siehe Nr **108.**

Nr. **73. Entschädigung für unschuldig erlittene Verhaftung und Bestrafung.** Anhang Nebengesetze über Schadensersatz Von Wirkl Geh. Kriegsrat Dr. **A. Romen. 1904.** 2,40 *M*

Nr **74.** Die **Kaufmannsgerichte** nebst Ausf.-Bestimmungen. Von Prof. Dr. **M. Apt. 3. Aufl. 1904.** 2,40 *M*
Siehe auch Nr **112.**

Nr. **75.** Reichsgesetz über die **Konsulargerichtsbarkeit.** Von Rechtsanwalt Dr. **A. F. Vorwerk,** Schanghai **2. Ausgabe,** mit den Schutzgebietsgesetzen **1908.** 2 40 *M*

Nr **76. Die Rechtshilfe im Verkehr mit den ordentlichen Gerichten** nach deutschem Reichsrecht Von Landrichter Dr. **A. Friedländer. 1906.** 2 *M*

Nr **77. Das Reichserbschaftssteuergesetz.** Vom 3 Juni 1906. Von **U. Hoffmann. 3. Aufl.** in Vorbereitung

Nr. **78. Zigarettensteuergesetz.** Vom 3 Juni 1906 Von Reg.Assessor Dr. **Cuno.**

Nr **79. Die Militärpensionsgesetze** vom 31 Mai 1906 nebst Ausf.-Bestimmungen Zum Gebrauch für Heer. Marine und Schutztruppe von Wirkl. Geh. Kriegsrat Dr **A. Romen**

a) I. Teil: **Offizierpensionsgesetz. — 1907.** 3,80 M

b) II. Teil: **Mannschaftsversorgungsgesetz** mit Nachtrag, enth. **Kapitalabfindungsgesetz** vom 3. Juli 1916. — **1908.** 3,80 M

Nr. **80.** Reichsgesetzgebung über **gerichtliche Registerführung.** Von Geh. Ob.J.Rat **O. Lindemann. — 1906.** 3,40 M

Nr. **81. Urheberrecht an Werken der bildenden Künste und der Photographie.** Von Rechtsanwalt Dr **L. Fuld. — 1907.** 1,25 M

Nr. **82. Reichsbeamtengesetz** vom 18. Mai 1907 mit Ergänzungen von Geh.Rat Prof. Dr **A. Arndt. — 1908.** 3,40 M

Nr. **83.** Reichsgesetz über den **Versicherungsvertrag** nebst Einführungsgesetz. Von Dr **P. Hager** und Dr **E. Bruck. 3. verm. u. verb. Aufl. — 1913.** 6,50 M

Nr. **84. Sammlung kleinerer privatrechtlicher Reichsgesetze.** Von Ober-L.G.Rat **G. Müller. — 1908.** 7,— M

Nr. **85. Scheckgesetz.** Von Prof. Dr **M. Apt.** Vergriffen. Siehe Nr. **113.**

Nr. **86. Die Auslieferungsverträge des Deutschen Reiches.** Von Landrichter Dr **A. Cohn. — 1908.** 4,50 M

Nr. **87.** Gesetz zum **Schutz der Warenbezeichnungen. Von** Geh. Reg.Rat, Mitgl. des Kaiserl. Patentamts Dr **Freund und** Rechtsanwalt **Magnus. 5. Aufl. — 1909.** 4,— M

Nr. **88. Vereinsgesetz** vom 19. April 1908. Von Wirkl. Geh. Kriegsrat Dr **A. Romen.** Mit den **neuen Bestimmungen** über **Jugendliche und Gewerkschaften. 4. Aufl. — 1916.** 3,50 M

Nr. 89. Vogelschutzgesetz vom 30. Mai 1908 nebst den das Flugwild betr. Bestimmungen der Preuß. Jagdordnung. **Von** Dr **L. v. Boxberger. — 1909.** 1,25 M

Guttentagsche Sammlung Deutscher Reichsgesetze.

Nr. **90.** Die Haager Abkommen über das **Internationale Privatrecht.** Von Dr **G. Bogeng.** — **1908.** 2,50 ℳ

Nr. **91. Eisenbahn-Verkehrsordnung** mit Ausf.-Bestimmungen. Von Reg.Rat Dr **E. Blume.** — **1909.** 2,80 ℳ

Nr. **92.** Gesetz, betr. den **Verkehr mit Kraftfahrzeugen.** Von Amts-G.Rat **R. Kirchner. 3. Aufl.** — **1915.** 4,50 ℳ

Nr. **93.** Gesetz über die **Sicherung der Bauforderungen.** Von Justizrat Dr **E. Harnier. 3. Aufl.** — **1912.** 1,80 ℳ

Nr. **94. Haftpflicht der Reichs- und Staatsbeamten** von Dr **H. Delius. 2. Aufl.,** mit dem Gesetz über Haftung des Reichs für Beamte vom 22. Mai 1909. — **1909.** 3,80 ℳ

Nr. **95.** Die Berner Übereinkunft über **Internationales Urheberrecht.** Von Geh.Rat Dr **H. Dungs.** — **1910.** 1,25 ℳ

Nr. **96. Branntweinsteuergesetz** vom 15. Juli 1909 mit den für das Reich erlassenen Ausf.-Bestimmungen und Kriegsverordnungen. **2. Aufl.,** bearbeitet von Reg.-Assessor Dr **K. Kniebe,** Hilfsarbeiter im Reichsamt d. Innern. — **1916.** 4,— ℳ

Nr. **97. Schutzgebietsgesetz** nebst V.O. betr. die Rechtsverhältnisse in den Schutzgebieten, dem G. über die Konsulargerichtsbarkeit sowie den Ausf.-Bestimmungen. Von **J. Gerstmeyer,** Wirkl. Legationsrat und vortr. Rat im Reichskolonialamt. — **1910.** 3,40 ℳ

Nr. **98. Sechs Haager Abkommen** über **Internationales Privatrecht.** Von Geh. Ob.Reg.Rat Dr **H. Dungs.** — **1910.** 1,80 ℳ

Nr. **99. Die Abkommen der Haager Friedenskonferenz.** Von Dr **H. Wehberg.** — **1910.** 3,40 ℳ

Nr. **100.** Gesetz über den **Absatz von Kalisalzen.** Von Geh. Bergrat **E. Voelkel.** — **1910.** 2,60 ℳ

Nr. **101. Zuwachssteuergesetz** vom 14 Februar 1911. Von Geh. Reg.Rat Dr **W. Cuno.** — **1911.** 4,— *M*

Nr. **102. Urheberrecht an Mustern und Modellen** und Ges. betr. Schutz von **Gebrauchsmustern.** Von Reg.Rat **F. Neuberg,** Mitgl. d. Kaiserl. Patentamts. — **1911.** 2,60 *M*

Nr. **103. Reichs-Viehseuchengesetz** vom 26. Juni 1909 nebst Ausführungsvorschriften u. dem preuß. Ausführungsgesetz. Von Landrat Dr **W. v. Hippel. 2. Aufl.** — **1912.** 5,— *M*

Nr. **104. Versicherungsgesetz für Angestellte** vom 20. Dez. 1911. Von Rechtsanwalt **O. Bernstein** und Dr **F. Kupferberg. 2. Aufl.** — **1912.** 3,80 *M*

Nr. **105. Das Geldwesen in den deutschen Schutzgebieten.** Von **W. Hintze,** Geh. Sekr. im Reichskolonialamt. — **1912.** 2,25 *M*

Nr. **106—109. Reichs-Versicherungsordnung nebst Einführungsgesetz.** Herausgegeben unter Mitwirkung von Dr **F. Caspar,** Wirkl. Geh. Rat, Direktor im Reichsamt d. Innern und **A. Spielhagen,** Geh. Ob.Reg.Rat, vortr. Rat im Reichsamt d. Innern. **4 Bände.**

Nr. **106.** I., V. u. VI. Buch. **Gemeinsame Vorschriften. — Beziehungen der Versicherungsträger zu einander und zu anderen Verpflichteten. — Verfahren.** Von Dr **K. Lippmann,** Reg.Rat im Reichs-Vers.Amt, Geh. Reg.Rat Dr **L. Laß** und Geh. Reg.Rat **H. Siefart,** vortr. Räte im Reichsamt d. Innern. — **1913.** 6,50 *M*

Nr. **107.** II. Buch. **Krankenversicherung.** Von Geh. Reg.Rat **H. Siefart** und Reg.Rat Dr **F. Sitzler.** — **1916.** 7,50 *M*

Nr **108.** III. Buch. **Unfallversicherung.** Von Geh. Reg.Rat **A. Radtke,** Senatsvors. im R.Vers.Amt. — **1913.** 8,50 *M*

Nr. **109.** IV Buch. **Invaliden- und Hinterbliebenenversicherung.** Von Geh. Ob.Reg.Rat **B. Jaup,** vortr. Rat im Reichsamt d. Innern, und **H. Follmann,** Geh. Reg.Rat im R.Vers.Amt. — **1912.** Mit Nachtrag. 1914—1916. 4,50 *M*

Nr. **110. Wehrbeitragsgesetz** mit Ausf.-Bestimmungen. Von Wirkl.Geh.Ob.Fin.Rat **A. Fernow. 2. Aufl. — 1913.** 2,25 ℳ

Nr **111. Reichs- und Staatsangehörigkeitsgesetz.** Vom 22. Juli 1913. Von Wirkl. Geh. Kriegsrat Dr **A. Romen. — 1913.** 2,50 ℳ

Nr. **112. Kaufmannsgerichtsgesetz** mit Best. des Gewerbegerichtsgesetzes. Von Dr **H. Depène,** Vors. des Kaufmannsgerichts zu Berlin. — **1914.** 2,80 ℳ

Nr. **113. Postscheckgesetz.** Von Oberpostinspektor **J. Weiland. — 1914.** 1,80 ℳ

Nr. **113 a. Postscheckordnung** mit Ausf.-Bestimmungen. Von Oberpostinspektor **J. Weiland. — 1914.** 1,80 ℳ

Nr. **114. Waffengebrauch und Festnahmerecht des Militärs.** Von Wirkl. Geh. Kriegsrat Dr **A. Romen** und Kriegsgerichtsrat Dr **C. Rissom. — 1914.** 2,25 ℳ

Nr. **115. Das vertragliche Wettbewerbsverbot [Konkurrenzklausel].** Nebst Kommentar zum G. v. 10. Juni 1914. Von Rechtsanwalt Dr **G. Baum. — 1914.** 3,40 ℳ

Nr. **116. Kriegs-Zivil- und -Finanzgesetze** vom 4. Aug. 1914 und den dazu erlassenen Verordnungen und Bekanntmachungen. **3. Aufl. — 1913.** 2,60 ℳ

Nr. **116 a. Kriegs-Zivil- und -Finanzgesetze.** Zweite Folge: Das Jahr 1915. — **1916.** 2,25 ℳ

Nr. **117. Darlehnskassengesetz.** Von Rechtsanwalt **Salomon** und Bankvorsteher **Bud. — 1915.** 2,25 ℳ

Nr. **118. Militärhinterbliebenengesetz.** Von Rechn.Rat **Reh.** Mit Nachtrag, enth. das **Kapitalabfindungsgesetz** vom 11. Juli 1916. — **1915.** 2,80 ℳ

Nr. 119. **Kriegsleistungsgesetz.** Von Rechtsanwälten J.Rat **Heilberg** und **Schäffer.** — **1915.** 3,20 ℳ

Nr. 120. **Telegraphenwegegesetz.** Von Postreferendar **Wolf.** — **1916.** 1,80 ℳ

Nr. 121. **Direkte Kriegssteuer.** Gesetze zur Besteuerung der Kriegsgewinne. Von Ob.Verw.G.Rat **A. Mrozek.** — **1916.** 4,50 ℳ

Nr. 122. **Gesetz über den Belagerungszustand.** Von Kriegsgerichtsrat Dr **H. Bürschel.** — **1916.** 5,— ℳ

Nr. 123. **Warenumsatzstempel.** Von Geh. Ob.J.Rat **Lindemann.** — **1916.** 2,50 ℳ

Nr. 124. **Todeserklärung Kriegsverschollener.** Von Prof. Dr **J. Partsch.** — **1916.** 3,— ℳ

Nr. 125. Das Gesetz über den **vaterländischen Hilfsdienst** mit Einleitung und amtlichen Materialien. 2. **Aufl.** — **1917.** 1,25 ℳ

Nr. 126. **Besitzsteuergesetz** mit Ausf.-Bestimmungen. Von Ob.Verw.G.Rat **A. Mrozek.** — **1917.**

Nr. 127. Verordnung über die **Geschäftsaufsicht zur Abwendung des Konkurses** vom 14. Dez. 1916. Von Rechtsanwalt **G. Klien,** mit system. Einleitung von Geh. Hofrat Dr **Ernst Jaeger** ord. Prof a. d. Universität Leipzig. — **1917.** 2,— ℳ

Nr. 128. Gesetz betr. die **Verhaftung und Aufenthaltsbeschränkung** vom 4. Dez. 1916. Nebst Anhang, betr. Entschädigung unschuldig Verhafteter. Von Wirkl. Geh. Kriegsrat Dr **A. Romen.** — **1917.** 2,50 ℳ

Nr. **11. Gewerbesteuergesetz.** Von Wirkl. Geh. Ob. Fin. Rat **A. Fernow. 6., vermehrte Aufl. – 1915.** 4,80 *M*

Nr. **12. Allgemeines Berggesetz.** Mit seinen Novellen und Nebengesetzen. **3. Aufl.,** bearbeitet von den Oberbergräten **Schlüter** und **Hense. – 1913.** 8,– *M*

Nr **13. Ergänzungssteuergesetz** (Vermögenssteuergesetz). Von Wirkl. Geh. Ob. Fin. Rat **A. Fernow. 5. Aufl.** Mit Nachtrag, enth Ges. betr. Erhöhung der Zuschläge vom 8 Juli 1916. – **1914.** 4,50 *M*

Nr **14. Kommunalabgabengesetz.** Vom 14. Juli 1893 und Ges. wegen Aufhebung direkter Staatssteuern. Von Oberbürgermeister Dr **F. Adickes. 5. Aufl.** bearbeitet von Stadtrat Dr **Woell. – 1911.** 2,60 *M*

Nr. **15.** Die **Kreisordnungen** für den Preußischen Staat. Von Land-G. Rat **O. Kolisch. – 1894.** 4,20 *M*

Nr. **16. Konzessionierung gewerblicher Anlagen.** Von Geh. Reg. Rat Dr **W. v. Rüdiger. 2. Aufl. – 1901.** 2,– *M*

Nr. **17.** Preußisches **Gerichtskostengesetz.** Vom 25 Juli 1910. Mit Kostentabellen. Von Kammer-G. Rat Dr **P. Siméon. 7. Aufl. – 1913.** Mit Nachtrag: Abänderungen vom 17 Febr 1917 4,50 *M*

Nr **18.** Preußisches **Stempelsteuergesetz** vom 30. Juni 1909. Mit sämtlichen Ausf.-Bestimmungen Von **P. Loeck. 8. Aufl.** von Reg. Rat **W. Seyffarth. 1914.** 9,– *M*

Nr. **19.** Das **Jagdscheingesetz.** Von Wirkl Geh Ob Reg Rat **F. Kunze. 2. Aufl. – 1899.** 2,25 *M*

Nr **20.** Die **preußischen Erbschaftssteuergesetze.** Von Rechn Rat **U. Hoffmann. – 1905.** 4,– *M*
(**Reichs**-Erbschaftssteuergesetz siehe Reichsgesetze Nr **77**).

Nr. **21.** Gesetz über die **Handelskammern.** Von Min Dir **F. Lusensky. 2. Aufl. – 1909.** 3,40 *M*

Nr. **22.** Gesetz, betr. **Anstellung und Versorgung der Kommunalbeamten.** Von Dr. **W. Ledermann. 2. Aufl.**, bearbeitet von Dr. **L. Brühl. – 1914.** 2,40 *M*

Nr. **23. Ausführungsgesetz zum Bürgerlichen Gesetzbuche.** Von Kammer-G Rat Dr. **P. Siméon. 3. Aufl. - 1914.** 2,40 *M*

Nr. **24.** Die **Hinterlegungsordnung. (1879)** Von Reg.Rat Dr. **G. Bartels. 2. Aufl. - 1908.** 2 - *M*
Neues Gesetz vom 21 April 1913 siehe Nr **53.**

Nr. **25. Preußische Kommunalbeamtengesetzgebung.** Von Mag.Assessor Dr. **F. Kremski,** Berlin **1901.** 3,40 *M*

Nr. **26.** Gesetze über das **Diensteinkommen der Lehrer und Lehrerinnen, Ruhegehalt und Hinterbliebenenfürsorge.** Tabelle zur Berechnung der Ruhegehalts- Witwen- und Waisenbezüge Von Bürgermeister Dr. **E. Cremer. - 1900.** 2,60 *M*

Nr. **27.** Gesetz, betr. die **Warenhaussteuer.** Von Geh. Ob.Fin.Rat Dr. **G. Strutz. 1900.** 1 50 *M*

Nr. **28.** Gesetz, betr **Fürsorgeerziehung Minderjähriger.** Von Land-G Direktor Dr. **P. F. Aschrott. 2. Aufl. – 1907.** 3, – *M*

Nr. **29.** Gesetz, betr **die ärztlichen Ehrengerichte, das Umlagerecht und die Kassen der Aerztekammern.** Von Amts-G.Rat Dr. **F. Fidler. 1901.** 1 80 *M*

Nr. **30.** Das **Preußische Staatsschuldbuch** und **Reichsschuldbuch.** Von Wirkl. Geh Ob F Rat **J. Mücke. - 1902.** 2, – *M*

Nr **31. Die geltenden Preußischen Gesindeordnungen. Zwei Bände.** Von Rechtsanwalt **St. Gerhard.**

31 a. Gesindeordnung für die altpreußischen Provinzen vom 8 Nov 1810, unter Berücksichtigung der Ergänzungsgesetze. der Rechtsverhältnisse der Stellenvermittler und

Reichsversicherungsordnung, sowie die Gesindeordnungen für Neuvorpommern und Rügen und für die Rheinprovinz. **2. Aufl. — 1914.** 3,40 *M*

31 b. Gesindeordnungen für Hannover, Schleswig-Holstein, Hessen-Nassau und den Regierungsbezirk Hohenzollern. — **1902.** 2,80 *M*

Nr. **32. Die Städteordnung für die sechs östlichen Provinzen Preußens.** Von Dr **W. Ledermann** u. Dr **L. Brühl. 2. Aufl. — 1913.** 7,50 *M*

Nr. **33. Rentenguts- und Anerbenrechts-Gesetzgebung in Preußen.** Von Land-G.Rat **M. Peltasohn** und Rechtsanwalt **B. Peltasohn. — 1903.** 3,40 *M*

Nr. **34.** Sammlung der wichtigsten **preußischen Strafgesetze** nebst Ges., betr. polizeil. Strafverfügungen vom 23. April 1883. Von Geh. Ob.J.Rat **.Lindemann. 2. Aufl. — 1912.** 3,60 *M*

Nr. **35. Geschäftsordnung für Gerichtsvollzieher.** Von **E. Exner. — 1904.** 3,50 *M*

Nr. **36. Polizeiverordnungen in Preußen.** Von Geh. Ob.J.Rat **O. Lindemann. — 2. Aufl. 1912.** 2,60 *M*

Nr. **37.** Gesetz, betr. **Enteignung von Grundeigentum** vom 11. Juni 1874. Von Ob.L.G.Rat **O. Meyer. 2. Aufl. — 1911.** 2,50 *M*

Nr. **38. Kreis- und Provinzial-Abgabengesetz** vom 23. April 1906. Von Gemeindevorsteher **F. Schmidt. — 1906.** 1,50 *M*

Nr. **39.** Gesetz, betr. die **Unterhaltung der öffentlichen Volksschulen.** Von Reg.Rat Dr **A. Marcks. — 1906.** 2,25 *M*

Nr. **40. Verwaltungsstrafverfahren** bei Zuwiderhandlungen gegen die Zollgesetze und indirekte Reichs- und Landesabgaben. Von Dr **R. Katzenstein. — 1907.** 4,— *M*

Nr. **41.** Die **preußischen Jagdpolizeigesetze.** Von Wirkl. Geh. Ob.Reg.Rat **F. Kunze** und Rechtsanwalt **R. Kühnemann. 2. Aufl. — 1907.** 4,— M

Nr. **42.** Die Gesetzgebung über die **Allgemeine Landesverwaltung** und **Zuständigkeit der Verwaltungs- und Verwaltungsgerichtsbehörden.** Von Dr **K. Friedrichs. — 1908.** 3,40 M

Nr. **43.** Gesetz, betr. die **Zulassung einer Verschuldungsgrenze** für land- und forstwirtschaftlich benutzte Grundstücke. Von Syndikus Dr **R. Leweck. — 1908.** 2,60 M

Nr. **44. Quellenschutzgesetz** nebst den Ausführungsbestimmungen. Von Geh. Bergrat **C. Voelkel. — 1909.** 1,25 M

Nr. **45. Rechtsverhältnisse der Juden in Preußen.** Von Rechtsanwalt Dr **M. Kollenscher. — 1910.** 2,60 M

Nr. **46.** Gesetz betr. **Austritt aus der Landeskirche** vom 14. Mai 1873. Von Ger.-Assessor **H. Caro. — 1911.** 2,60 M

Nr. **47.** Gesetz, betr. die **Feuerbestattung.** Von Amts-G.Rat Dr **W. Lohmann. — 1912.** 1,60 M

Nr. **48. Zweckverbandsgesetz für Groß-Berlin** vom 19. Juli 1911 nebst Abdruck des allgemeinen Zweckverbandsgesetzes. Von den Magistratsräten Dr **L. Brühl**, Dr **K. Gordan** und Stadtrat Dr **W. Ledermann. — 1912.** 4,50 M

Nr. **49. Gesetze gegen die Verunstaltung landschaftlich hervorragender Gegenden** mit Ausf.-Anweisungen. Von Reg.Rat **O. Goldschmidt. — 1912.** 2,60 M

Nr. **50. Gesetz, betr. die Anlegung und Veränderung von Straßen und Plätzen in Städten und ländlichen Ortschaften.** Von Ob.L.G.Rat **O. Meyer. — 1913.** 3,40 M

Nr. **51. Das preußische Disziplinargesetz für die nichtrichterlichen Beamten** und die Privatdozenten. Von Reg.Rat Dr **E. v. Dultzig.** 4,80 M

Guttentagsche Sammlung Preußischer Gesetze.

Nr. **52. Preußisches Wassergesetz** v. 7. April 1913. Von den Rechtsanwälten **G. Wulff** und **F. Herold. — 1913.** 5,50 *M*

Nr. **53. Hinterlegungsordnung** v. 21. April 1913. Von Landrichter **Hagemann.** 2,50 *M*

Nr. **54.** Gesetz betr. **Anlegung von Sparkassenbeständen in Inhaberpapieren** nebst Ausf.-Verordnung vom 8. Mai 1913. Von Rechtsanwalt **H. Döhring. — 1914.** 2,25 *M*

Guttentagsche Sammlung
von
Textausgaben mit Sachregister **ohne** Anmerkungen.
Taschenformat, elegant in Leinen gebunden.

Bürgerliches Gesetzbuch nebst **Einführungsgesetz.** 10. Abdruck. 2,50 ℳ

Handelsgesetzbuch nebst **Einführungsgesetz** und **Seerecht. 8. Abdruck. — 1910.** 2,— ℳ

Konkursordnung mit **Einführungsgesetz. 2. Aufl. — 1915** 1 — ℳ

Kriegsgewinnsteuer. 0,60 ℳ

Die Kriegssteuergesetze. — 1916. 1,50 ℳ

Militärstrafgerichtsordnung nebst **Einführungsgesetz.** 1,50 ℳ

Militär-Strafgesetzbuch. 2. Aufl. — 1916. 1,20 ℳ

Reichsfinanzgesetze von 1909 einschließlich der **Reichsstempelgesetze** und des **Erbschaftssteuergesetzes. — 1909.** 2,— ℳ

Reichsversicherungsordnung von 1911 (Kranken-, Unfall- Invaliden- und Hinterbliebenenversicherung) **20.—30. Tausend.** 2,— ℳ

Strafgesetzbuch. — 1912. 1,20 ℳ

Strafprozeßordnung. 2. Aufl. — 1915. 1,50 ℳ

Wechselordnung mit Anhang. **Wechselprozeß und Ausführungsanweisung. — 1908.** 1,— ℳ

Wehrbeitrag und **Besitzsteuer.** Mit ausführlichem Sachregister. **— 1913.** 1,— ℳ

Zivilprozeßordnung mit **Gerichtsverfassungsgesetz** und **Einführungsgesetzen.** Neueste Fassung 2,— ℳ

Zuwachssteuergesetz vom 14 Febr 1911 0,80 ℳ

Ausführungsbestimmungen dazu 0,60 ℳ

Versicherungsgesetz für Angestellte vom 20 Dez 1911 1,25 ℳ

Preußische Ausführungsanweisung zur **Gewerbeordnung** nebst der technischen Anleitung **— 1904.** 2,25 ℳ

Kommentare — Nachschlagebücher.

Die Erbenhaftung nach dem Bürgerlichen Gesetzbuch. Von Rechtsanwalt **S. Riesenfeld**, Berlin. **2 Bände. — 1916. Gr. 8°.** Preis 26,– *M* geb. 31,– *M*

Erster Band: **Grundsätze der Haftung.** Zweiter Band: **Das Inventar und die Mittel der Haftungsbeschränkung.**

Verwaltungsgesetzbuch für Preußen. Systematische Zusammenstellung der wichtigsten Verwaltungsgesetze und Verordnungen für Praxis und Unterrichtszwecke bearbeitet von Reg.Rat Dr. **Hugo Reichelt.** Mitglied des Bezirksausschusses Magdeburg. **1914. Gr. 8°.** Preis geb 13,– *M*

Vereins- und Versammlungsrecht der **Gewerkschaften** und **Gewerkvereine.** Mit einem Anhang Das gewerbliche Koalitionsrecht. Unter Benutzung amtlicher Quellen bearbeitet von Wirkl. Geh Kriegsrat Dr. jur. **A. Romen. 1917. Gr. 8°.** Preis brosch. 2,– *M*

Bunte Bilder aus der Rechtswelt. Ein Lesebuch für die jungen Juristen im Felde. Von Dr. **J. W. Hedemann,** o. Prof an der Universität Jena. - **1917. 8°.** Preis brosch. 2,50 *M*

Bürgerliches Rechts-Lexikon. Nach dem Bürgerlichen Gesetzbuch, dem Handelsgesetzbuch und sonstigen Reichs- und Landesgesetzen bearbeitet von Amtsgerichtsrat **C. Christiani. 3. wesentlich vermehrte und verbesserte Auflage. – 1908.** Lex. **8°.** Geb in ganz Leinen. Preis 12,20 *M*

Verfassung und Verwaltung des Deutschen Reiches nebst wichtigen Nebengesetzen. Ein Hilfsbuch für die Examina in Justiz und Verwaltung sowie für die Doktorprüfung. Von Dr. **M. Gebhardt,** Gerichtsassessor a. D — **1912. Lex. 8°.** Preis brosch. 9 50 *M*, geb in Leinen 10,50 *M*

Sonderverzeichnisse über hervorragende Erscheinungen aus den Gebieten des Verwaltungs- und Handelsrechts, sowie der genossenschaftlichen Literatur, durch jede Buchhandlung und direkt vom Verlage.

Schlagwort-Register

R. = Nummer der Sammlung Deutscher Reichsgesetze.
P. = Nummer der Sammlung Preußischer Gesetze.
S. = Seite.

J. Guttentag, Verlagsbuchhandlung, G. m. b. H., Berlin W 10.

Staubs Kommentare

Standard-Werke des Handelsrechts!

Kommentar zum Handelsgesetzbuch.

Neunte Auflage

Bearbeitet von Reichsgerichtsrat **Heinrich Könige**, Justizrat **Albert Pinner**, Justizrat **Dr. Felix Bondi.**

1912/13. 2 Bände. Lex.-8°. 50 *M*, geb in Halbfranz 57 *M*.

Kommentar zum Gesetz, betr. die Gesellschaften mit beschränkter Haftung.

Vierte, neubearbeitete und vermehrte Auflage

von Rechtsanwalt **Dr. Max Hachenburg**, Mannheim.

1913. Lex.-8° Preis 18,50 *M*, geb. 21 *M*.

Kommentar zur Wechselordnung.

Achte, neubearbeitete und vermehrte Auflage.

Bearbeitet von

Rechtsanwalt **Dr. M. Stranz**, Berlin.

1912. Lex.-8°. Preis 10 *M*, geb. 12,50 *M*.

— 31 — 4. IV. 1917. 23 500.

FSC
www.fsc.org
MIX
Papier | Fördert
gute Waldnutzung
FSC® C083411

Kolibri 360 GmbH
Ferdinand-Jühlke-Straße 7
99095 Erfurt, Deutschland
produktsicherheit@kolibri360.de